Im Laufe eines Jahres fallen in den verschiedenen Gartenbereichen die unterschiedlichsten Arbeiten an, will man rund ums Jahr Freude am Garten haben.

JOACHIM MAYER

Gartenjahr für Einsteiger

- Gestaltungsideen für jede Jahreszeit
- Gartenpflege rund ums Jahr
- Mit Arbeitskalender für jeden Monat

Über 290 Farbfotos von Wolfgang Redeleit, Marion Nickig, Ursula Borstell, Jürgen Becker, Friedrich Strauß und anderen Gartenfotografen

Illustrationen von Renate Holzner

Inhalt

Start ins Gartenjahr

Hochsaison im Garten

Gartenausklang

Start ins Gartenjahr

Start ins Gartenjahr

Januar

Auf in ein grünes, blühendes neues Gartenjahr: Pläne schmiedet man am besten, wenn es draußen kalt ist und die Natur noch ruht.

Den Januar stellt man sich gern mit malerischen Schneeszenen, klirrender Kälte und strahlender Wintersonne vor. Zuweilen wird er diesem Ruf tatsächlich gerecht. Doch fast ebenso häufig präsentiert sich der erste Monat des Jahres mit Regen und Nebel, in den letzten Jahren öfters auch mit überraschend milder Witterung.

Luftiger Winterschutz

Für die Natur und für die Gartenpflanzen sind warme Spätwinter nicht unbedingt von Vorteil. Denn bei einem verfrühten Austrieb richten nachfolgende Tieftemperaturen oft verheerende Schäden an. Gerade bei solchen Wetterumschlägen sollten Abdeckmaterialien rasch bei der Hand sein, um empfindliche Pflanzen vor frostigen Nächten zu schützen. Luftdurchlässige Abdeckungen wie Fichten- oder Tannenzweige, Vlies (keine Folie!) sowie Jute, Sackleinen und Bastmatten sind für solche Winterschutzzwecke bestens geeignet. Natürlich verlangen auch durchgehend strenge Winter solche Vorkehrungen.

Planen macht Spaß und Sinn

Ob eisige Kälte oder Schmuddelwetter – die Wintermonate lassen sich gut für alles nutzen, zu dem man im Rest des Gartenjahres erfahrungsgemäß nicht kommt. Vorrangig ist die Planung, etwa von neuen Pflanzungen und Umgestaltungen, sowie das Austüfteln, was zu welchem Zeitpunkt auf die Gemüse- und Blumenbeete kommen soll. So ein Planen, verbunden mit dem Wälzen von Gartenkatalogen und Gartenzeitschriften, erhöht nicht nur die Vorfreude aufs kommende Gartenjahr. Wenn damit auch gleich eine ungefähre Terminierung der wichtigsten Arbeiten einhergeht, legt man den Grundstein für optimalen Pflanzenspaß bei möglichst wenig Stress.
Berücksichtigen Sie bei allen Planungen, dass das Gartenjahr nicht unbedingt im Januar oder mit dem Erwachen der Vegetation im März beginnt. Für manche Neupflanzungen eignet sich nur der Herbst, auch Bodenverbesserung und Bodenvorbereitung von Beeten geht man am besten schon im Spätjahr an.

Von der Zaubernuss (Hamamelis japonica) gibt es auch Sorten, die schon im Winter blühen.

Mehr Gartenspaß durch gute Planung

Gartenarbeiten sind Terminsache. Vieles kann man nur innerhalb recht enger Zeiträume mit Aussicht auf Erfolg durchführen. Zu spät gepflanztes Gemüse z. B. reift nicht mehr aus, bei zu großen Gießpausen kümmern die Pflanzen, und lange versäumtes Rasenmähen macht hinterher eine Menge Mehrarbeit. Umgekehrt heißt das aber auch: Gutes Vorausplanen und »Timing« spart letztlich unnötige Mühe, macht alle Gartenaktivitäten erfolgreicher und verhilft somit zu mehr Spaß am eigenen Grün.

Einsichten für Einsteiger

Wer noch kaum gegärtnert hat, muss sich erst einmal an etwas gewöhnen, das dem Zeitgeist ziemlich entgegensteht: Zum Gärtnern gehört Geduld. Von Kresse, Radieschen und Unkraut einmal abgesehen, entwickeln sich Gartenpflanzen eher gemächlich. Staudenrabatten etwa werden erst mit den Jahren wirklich ansehnlich, und anfangs zarte Bäumchen wachsen mit der Zeit zu Schatten werfenden Riesen heran. Das alles verlangt schon etwas vorausschauende Fantasie.
Geduld ist auch aus anderem Grund gefragt: Es dauert einige Zeit, bis man die nötige Routine entwickelt hat und abschätzen kann, welchen Aufwand bestimmte Pflanzen und Gartenbereiche benötigen. Nehmen Sie sich deshalb für den Anfang nicht zu viel vor, das kann leicht die Freude am Gärtnern vermiesen. Dies gilt auch für manche Misserfolge, die sich bei aller guten Planung und Informiertheit nie ganz ausschließen lassen. Denn Pflanzen sind lebende Wesen und haben so ihre Eigenheiten. Letzteres gilt ganz besonders auch für das Wetter, von dem die Pflanzenentwicklung ja entscheidend abhängt.

Längerfristiges Planen

Planen in Sachen Garten kann zweierlei heißen: Es betrifft zum einen die Gestaltung und Fortentwicklung der Bepflanzung, zum andern das Einteilen der Arbeiten im Jahreslauf. Zunächst einige grundsätzliche Hinweise zur Gartenplanung. Für alle längerfristigen Neu- oder Umgestaltungen sind folgende Vorüberlegungen wichtig:

Der Platz an der Sonne

Für Tomaten und andere Fruchtgemüse sollte man die sonnigsten Beete reservieren.

➤ Standort
Sind Licht- und Bodenverhältnisse für die geplante Pflanzung geeignet? Gemüse, Prachtstauden und Rosen brauchen z. B. viel Sonne. Rhododendren bevorzugen dagegen Halbschatten und feuchtere Böden. Heidelbeeren und Preiselbeeren sind Spezialisten für saure Böden.
➤ Angestrebte Gartenfreuden
Wie möchte ich den Garten hauptsächlich nutzen? Soll es eher ein Blumengarten werden oder liegt der Schwerpunkt auf der Ernte von Kräutern, Gemüse und Obst? Wer öfter in geselliger Garten-Runde beisammen sitzen will oder Platz für die Kinder braucht, muss das bei der Bepflanzung von vornherein berücksichtigen und entsprechende Flächen freihalten.
➤ Zeitaufwand
Was kann ich gut bewältigen? Viel und vor allem regelmäßige Pflege verlangen Gemüsebeete. Recht aufwändig sind außerdem Obstgehölze, Beete mit einjährigen Blumen, Rosen, Steingarten oder Zierrasen nach englischem Vorbild. Die meisten Gehölze und Stauden sowie normaler Strapazierrasen machen dagegen nicht allzu viel Arbeit.
➤ Gartenzierde im Jahreslauf
Gibt es zu bestimmten Zeiten auffällige Blüten-»Löcher«? Viele Gärten glänzen im Frühjahr und Frühsommer durch üppige Blütenpracht, verlieren aber danach deutlich an Reiz. Hier besteht oft

Sorgfältige Planung sowie rechtzeitiges Pflanzen und Pflegen sind wichtige Schritte auf dem Weg zum eigenen Gartenparadies.

Handlungsbedarf für Nachpflanzungen. Die Zierpflanzen werden in diesem Buch bei den Monaten beschrieben, in denen sie am attraktivsten sind, was bei der Auswahl nach jahreszeitlichen Aspekten gute Hilfe leistet.

Termine, Temperaturen, Tagebuch

Das vorliegende Buch unterstützt vor allem auch bei der Planung der anfallenden Arbeiten und Pflegemaßnahmen. Das Wetter wird freilich selbst bei bester Terminierung immer wieder mal einen Strich durch die Rechnung machen; die monatliche Zuordnung bestimmter Tätigkeiten kann demnach nur eine Leitlinie sein. Beträchtliche Klimaunterschiede gibt es zum einen zwischen verschiedenen Jahren, zum anderen zwischen verschiedenen Regionen, etwa zwischen Alpenvorland und Rheintal. Gerade im Frühjahr kann die Pflanzenentwicklung in rauen Lagen gut vier Wochen später einsetzen als in milden Regionen. Über die Verhältnisse vor Ort gibt übrigens ein regelmäßig geführtes Gartentagebuch inklusive Wetternotizen hervorragend Auskunft. Und nicht nur das: Wenn Sie beständig notieren, was Sie wann gesät, gepflanzt, gedüngt, geschnitten oder geerntet haben, verfügen Sie schon nach wenigen Jahren über wertvolle Informationen für Ihre Gartenpraxis. Denn welche Blumen oder Gemüse an bestimmten Stellen in Ihrem Garten optimal oder nur mäßig gedeihen, welche Pflegemaßnahmen am meisten bringen – das kann Ihnen keine Zeitschrift, kein Buch so gut verraten wie Ihre eigenen, im Gartentagebuch festgehaltenen Erfahrungen.

Die wichtigsten Gartengeräte

Arbeitsgeräte	Grundausstattung	Tipps
	**Geräte für Boden- und Erdarbeiten** Spaten zum Umgraben und Ausheben von Pflanzgruben für Gehölze; Grabegabel für schonende Bodenbearbeitung, zum Ernten von Wurzelgemüse; Schaufel zum Verteilen und Umsetzen von Erde, Kompost, Sand	Spaten und Grabegabel mit T-Griff und stabilem, genügend langem Stiel. Beide nimmt man auch zum Teilen größerer Stauden und Abstechen von Beeträndern, den Spaten außerdem zum Abtrennen kräftiger Wurzeln.
	**Geräte zur Bodenlockerung** Hacke zum Auflockern, Zerkleinern von Erdschollen, Entfernen von Unkraut; Kultivator (Grubber) wie Hacke, gut für Arbeiten zwischen Gemüsereihen und Einarbeiten von Kompost; Rechen zum Einebnen der Oberfläche	Außerdem empfehlenswert: der Sauzahn mit einem großen, gebogenen Zinken für tiefe Lockerung. Sehr praktisch sind Systemgeräte mit nur ein oder zwei Stielen und auswechselbaren, aufsteckbaren Werkzeugen.
	**Schnittwerkzeug** Gartenschere für nahezu alle Schnittarbeiten; Astschere mit langen Bügeln für kräftige Zweige und Äste; Baumsäge für Äste; Gartenmesser für kleine Schnittarbeiten, zum Glätten von Wundrändern; Heckenschere für Schnitthecken	Am besten zwei Gartenscheren: eine Qualitätsschere für Gehölze, eine preiswertere für Stauden usw. Bei Baumsäge auf verstellbaren Sägeblattwinkel achten. Für größere Hecken Elektro-Heckenschere (unbedingt mit Sicherheitsabschaltung).
	**Kleingeräte** Pflanzschaufel, Pflanzholz, Pikierhölzchen, Blumenzwiebelpflanzer, Handgrubber und Handhacke, Unkrautstecher	All diese Kleingeräte erweisen sich schnell als nützlich, vor allem Handgrubber und Handhacke zum Lockern und Jäten zwischen Gemüse und Blumen. Auch als praktische, aufsteckbare Systemgeräte mit kurzem Stiel im Angebot.

Erste Wahl sind solide Qualitätsprodukte, allzu Billiges lohnt nicht. Andererseits: Edel- und Spezialgeräte sollte man erst kaufen, wenn man sie wirklich braucht.

Arbeitsgeräte	Grundausstattung	Tipps
	**Bewässerungszubehör** Gießkannen in verschiedenen Größen; Schläuche mit unterschiedlichen Aufsätzen; Schlauchwagen; Regner für den Rasen	Bei Schläuchen auf Qualität (druckfest, knickstabil) achten. Stecksysteme mit aufeinander abgestimmten Aufsätzen und Kupplungen sind gut zu handhaben. Bei Regnern sollte die Reichweite leicht einstellbar sein.
	**Rasenpflegegeräte** Rasenmäher mit Grasfangkorb; Fächerbesen zum Abrechen von Grasschnitt und Laub; Kantenschneider zum Nachschneiden der schlecht mähbaren Ecken und Rasenkanten	Für kleinere Flächen Elektromäher (leiser, leichter), für größere Motorrasenmäher (kein Kabelsalat, leistungsstärker). Einen Vertikutierer zum Entfernen von Filz und Moos kann man sich teils im Fachhandel ausleihen.
	**Transporthilfen und Leitern** Schubkarre; Sackkarre; stabile, für den Außenbereich geeignete Steh- und Anlegeleiter mit sicherem Stand, wenn Kletterpflanzen und größere Bäume im Garten vorhanden sind	Unentbehrlich und rückenschonend: Schubkarre (stabil, aber leicht, mit genügend langen Holmen) und Sackkarre (auch zum Transport großer Topfpflanzen).
	**Sonstiges Zubehör** Spritzgerät (Gartenspritze); Kompostdurchwurfsieb; Körbe, Eimer: möglichst viele in verschiedenen Größen; Gartenschnur, Bindedraht; Stecketiketten; Gartenhandschuhe	Beim Spritzgerät, das auch für biologische Pflanzenschutzmittel gebraucht wird, auf Qualität und Betriebssicherheit achten; eine 5-Liter-Rückenspritze ist in vielen Fällen sinnvoll.

Gehölze schneiden

Kurzinformation

Schnitt-Termine im Obstgarten

Obstbäume:
Hauptschnittzeit im Spätwinter (Januar, Februar); auch im Spätherbst und sogar im Sommer möglich;
Steinobst vorzugsweise im Sommer, nach der Ernte; Walnussbäume nur im Sommer

Obststräucher:
nach der Ernte im Spätsommer bis zum Herbst

Schnitt-Termine im Ziergarten

Ziersträucher und Klettergehölze:
sommer- und herbstblühende Gehölze im Spätwinter;
Rosen und Buchs erst im April/Mai;
Frühjahrs- und Frühsommerblüher im Sommer nach der Blüte

Zierbäume und Nadelgehölze:
Schnitt selten nötig; wenn doch, dann im Spätwinter

Hecken:
ab Ende Juni, nach Abschluss der Vogelbrutzeit

Rückschnitt von Trieben
Ganz gleich, ob Ziersträucher, Obststräucher oder Bäume: Wenn Triebe eingekürzt werden, schneidet man möglichst über einer nach außen weisenden Knospe. Der Schnitt erfolgt dabei schräg, mit etwas Sicherheitsabstand über der Knospe, damit diese nicht beschädigt wird. Lassen Sie jedoch keinen zu großen Stummel stehen, der würde bald eintrocknen. Wenn noch keine deutlichen Knospen (auch Augen genannt) vorhanden sind, erkennt man beim näheren Hinsehen deren Ansatzstellen.

Wegschnitt auf Astring
Wenn Sie Zweige oder Äste ganz entfernen möchten, schneiden Sie diese nahe am Hauptast bzw. Stamm weg, so dass nur noch ein etwa 0,5 cm dicker Astring übrig bleibt. Größere Stümpfe verheilen schlecht und stellen ein Infektionsrisiko gegenüber Krankheiten dar. Dicke Äste schneidet oder sägt man am besten in Teilstücken ab, um ein vorzeitiges Abbrechen an der Schnittstelle zu vermeiden. Schnittstellen mit scharfem Gärtnermesser glätten und ab etwa 3 cm Durchmesser mit Wundverschlussmittel behandeln.

Benutzen Sie stets scharfes Werkzeug und schneiden Sie nicht bei Temperaturen unter –5 °C. So vermeiden Sie unnötige Holzrisse und Beschädigungen.

Ziersträucher auslichten

Sträucher werden zwar je nach Art, Wuchsform und Entwicklung etwas unterschiedlich geschnitten. Allgemein ist es jedoch wichtig und richtig, alle 2–3 Jahre behutsam auszulichten. Abgestorbene sowie alte, abgeblühte Triebe schneidet man nahe über dem Boden weg. Wenn sich Zweige im Strauchinnern stark ins Gehege kommen, wird der schwächere entfernt. Ein Einkürzen der verbleibenden Triebe ist nicht immer nötig. Es empfiehlt sich vor allem bei jungen Sträuchern, die sich schlecht verzweigen, sowie bei älteren, zu groß gewordenen Gehölzen, insbesondere wenn die Blühfreude nachlässt.

Obstbaumschnitt

Gerade beim Obst gibt es je nach Art, Alter und Baumform recht unterschiedliche Schnittmaßnahmen. Praktische Baumschnittkurse für Einsteiger sind deshalb sehr empfehlenswert. Grundsätzlich wird meist eine Pyramidenkrone als Baumgerüst angestrebt, mit Mittelast und 3–4 Leitästen, von denen dann die Frucht tragenden Triebe abgehen. Seltener: die Hohlkrone ohne Mittelast (vor allem bei Sauerkirsche, Pfirsich). Als Leitäste (1) wählt man kräftige Triebe, die in etwa gleichmäßigen Abständen um den Stamm herum angeordnet sind. Der ideale Abgangswinkel vom Stamm liegt bei etwa 45 Grad.

Um dies zu erreichen, kann man junge Leitäste durch Aufbinden oder Abspreizen im Sommer formieren oder bis zu einer günstig stehenden Abzweigung zurückschneiden. Beim jährlichen Schnitt setzt man die Leitäste auf gleiche Höhe zurück, die so genannte Saftwaage. Deutlich über dieser gedachten Linie steht der Mittelast, so dass sich ein Dreieck mit 120-Grad-Winkel an der Spitze ergibt. Wenn der Mitteltrieb (2) durch ähnlich starke und lange Konkurrenztriebe (3) gehemmt wird, muss man diese entfernen. Ansonsten kommt es darauf an, die Krone durch regelmäßigen Schnitt innen licht zu halten.

Querverweise
Schnittmaßnahmen im Sommer
Seite 90–91

Pflanzen-Highlights im Winter

Sibirischer Hartriegel

Cornus alba 'Sibirica'
Höhe/Breite: 2–3 m/2–3 m
Blütezeit: Mai
sommergrüner Strauch

➤ leuchtend korallenrote Rinde

Blüten: gelblich weiß, in 3–5 cm großen Trugdolden; **Boden:** durchlässig, humos, nicht zu trocken; **Pflege:** mäßig, aber regelmäßig feucht halten, alle paar Jahre im Spätwinter etwas auslichten; **Gestaltung:** durch die auffällig rote Rinde im winterlichen Garten eine ganz besondere Zierde, außerdem schöne gelbe bis rote Herbstfärbung der Blätter; der Strauch wirkt besonders in Einzelstellung im Rasen, Vorgarten oder auf großen Rabatten, bereichert aber auch frei wachsende Blütenhecken

Felsenmispel

Cotoneaster salicifolius var. *floccosus*
Höhe/Breite: 2–3 m/3–5 m
Blütezeit: Juni
immergrüner Strauch

➤ Fruchtschmuck bis zum Spätwinter

Blüten: Schirmrispen mit zahlreichen weißen, duftenden Einzelblüten; **Boden:** jeder normale Gartenboden; **Pflege:** robust, anspruchslos, gut schnittverträglich; allerdings anfällig für die meldepflichtige Krankheit Feuerbrand (Triebspitzen trocknen ein, werden schwarz); in anhaltend trockenen Wintern gießen; **Gestaltung:** zur Einzelstellung auf Rasenflächen, vor Mauern, im Vorgarten, auch in Gehölzgruppen; die roten Früchte (ab August) heben sich schön von den dunkelgrünen Blättern ab

Schneeheide

Erica carnea
Höhe/Breite: 15–30 cm/polsterartig
Blütezeit: Dezember – April
immergrüner Zwergstrauch

➤ robuster Winterblüher

Blüten: zahlreiche Blütenglöckchen in Rispen; je nach Sorte weiß, rosa, rot oder violett; **Boden:** humos, durchlässig, feucht; **Pflege:** robust, sehr winterhart; gleichmäßig leicht feucht halten; alle 2 Jahre nach der Blüte um etwa ein Drittel zurückschneiden; **Gestaltung:** für Beete und Rabatten, Wegränder, Vorgarten; kann auch als Bodendecker eingesetzt werden; in Gruppen pflanzen; dabei kann man schön Sorten mit verschiedenen Blütenfarben kombinieren

Expertentipp
Ähnlich attraktiv: Strauchmispel (C. bullatus) und Blütenmispel (C. multiflorus).

Gute Partner
Heidenelken, Wacholder, Ziergräser, Zwergkiefer

Diese Pflanzen bieten im tristen Winter ganz besondere Gartenerlebnisse. Passende Begleiter sind früh blühende Zwiebelblumen.

Zaubernuss

Hamamelis japonica
Höhe/Breite: 3–5 m/3–5 m
Blütezeit: Januar – April
sommergrüner Strauch

➤ **leuchtende Herbstfärbung**

Blüten: je nach Sorte von Gelb über Orange bis Kupferrot, erscheinen vor dem Laubaustrieb in fadenförmigen Büscheln; **Boden:** humoser, gleichmäßig feuchter Gartenboden; **Pflege:** bei der langsam wachsenden Zaubernuss ist ein Schnitt kaum erforderlich; **Gestaltung:** attraktiv als Solitärstrauch auf Rasenflächen, vor immergrünen Gehölzen oder in lichten, frei wachsenden Hecken

Christrose

Helleborus niger
Höhe/Breite: 25–30 cm/bis 30 cm
Blütezeit: Dezember – März
Staude

➤ **wintergrüne, attraktive Blätter**

Blüten: schalenförmig, weiß, teils rötlich getönt, einzeln oder zu wenigen an überhängenden Stielen; **Boden:** humusreich, durchlässig, kalkhaltig und nicht zu trocken; **Pflege:** pflanzt man die Christrose an eine etwas geschützter Stelle und lässt sie dort ungestört wachsen, gedeiht sie am besten; nach der Blüte kann man verwelkte Laubblätter entfernen; **Gestaltung:** eignet sich hervorragend zur Unterpflanzung von Gehölzen, kombiniert z. B. mit Farnen, Schneeheide, Leberblümchen oder Buschwindröschen

Winterjasmin

Jasminum nudiflorum
Höhe/Breite: 2–3 m/bis 3 m
Blütezeit: Dezember – April
sommergrüner Strauch

➤ **reich blühend**

Blüten: gelb, sternförmig, bis 3 cm groß; einzeln an vorjährigen Trieben, die zur Blütezeit noch unbeblättert sind; **Boden:** jeder normale Gartenboden; **Pflege:** mäßig feucht halten; gelegentlich alte Zweige nach der Blüte herausschneiden; bei sehr niedrigen Temperaturen im Wurzelbereich Winterschutz geben; **Gestaltung:** attraktiv als frei stehendes Gehölz mit überhängenden Triebe; gibt als so genannter Spreizklimmer aber auch eine hübsche Kletterpflanze ab, wenn man sie am Rankspalier hochzieht

Expertentipp
Nicht alle Sorten blühen schon im Winter.

Expertentipp
Die Sorte 'Praecox' blüht bereits um Weihnachten.

Gestalten mit Frühblühern

Kurzinformation

Bepflanzungsbeispiel

1 Zierkirsche (Prunus subhirtella): Blüte rosa, III–IV
2 Sommerflieder (Buddleja davidii) Blüte blau, VII–IX
3 Felsenbirne (Amelanchier lamarckii) Blüte weiß, IV–V
4 Zaubernuss (Hamamelis japonica): Blüte gelb, I–IV
5 Christrosen (Helleborus niger): Blüte weiß, XII–III
6 immergrüne Farne
7 Pflanzstreifen mit Schneeglöckchen (weiß, II–III), Traubenhyazinthen (blau, IV–V), gelben Wildnarzissen (III–IV)
8 Pflanzstreifen mit Blut-Storchschnabel (rot, V–IX), Hornveilchen (violett, gelb, V–X)
9 Sternmagnolie (Magnolia stellata): Blüte weiß, III–IV
10 Schneeheide (Erica carnea), weiß und rot, XII–IV
11 Federnelken (weiß, V–VII), Mädchenauge (gelb, VI–IX), Bergastern (blau, VII–IX)
12 Krokusse im Rasen, verschiedene Blütenfarben, II–III
13 Pflanzschalen mit roten und weißen Tulpen, Narzissen, Vergissmeinnicht, Hyazinthen (III–IV)

Frühlings-Lust

Der Gestaltungsvorschlag zeigt eine Bepflanzung mit deutlichem Schwerpunkt auf zeitigen Blühern. Von solch einer »Frühlings-Lust«-Pflanzung hat man am meisten, wenn man sie in Sichtweite des Hauses und der Terrasse anlegt. Dabei sollten Sie unbedingt auch für den Rest des Jahres vorsogen, sonst schauen Sie nach dem Frühjahrsflor nur noch auf grünes Blattwerk. In unserem Beispiel setzt der Sommerflieder (2) später deutliche Akzente; die Felsenbirne (3) hat nach der Blüte dekorative Früchte zu bieten sowie im Spätjahr eine schöne Herbstfärbung. Der Pflanzstreifen mit Stauden (8) übernimmt nicht nur den sommerlichen Blütenpart, sondern verdeckt dann auch die Zwiebelblumen (7), die ab April/Mai unansehnlich werden. Den Sommer zieren außerdem die Stauden (11), die zwischen die Schneeheide (10) gesetzt werden. Im Frühjahr herrschen hier Gelb, Weiß und Rosatöne vor, im Sommer treten dann blaue und rote Blüten in den Vordergrund. Eine solche Anlage wird bereits ab Sommer vorbereitet (tiefgründige Bodenlockerung). Gehölze und Stauden werden im Herbst gepflanzt, die Blumenzwiebeln zum Teil schon im Spätsommer.

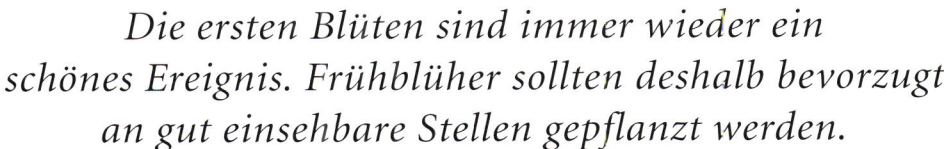

Die ersten Blüten sind immer wieder ein schönes Ereignis. Frühblüher sollten deshalb bevorzugt an gut einsehbare Stellen gepflanzt werden.

Vorfrühlingsboten
Schneeglöckchen und gelbe Winterlinge blühen oft schon im Februar. Gute Wirkung erzielt man, wenn man sie in kleinen, etwas verstreuten Gruppen pflanzt. Im obigen Bild heben sich die Blüten schön von dunklen Efeublättern ab, die über Winter grün bleiben.

Farberlebnis Krokusse
Unter den ersten Blühern prunken die Krokusse, oft in bunten Mischungen angeboten, am intensivsten. Krokusse und andere Zwiebelblumen im Rasen müssen beim ersten Mähen geschont werden, bis sie ihr Laub vollständig eingezogen haben.

Krokus in zarter Begleitung
Zwiebelblumen wie Krokusse, Tulpen, Hyazinthen und Narzissen schmücken sich mit auffälligen Blüten über aufrechtem, etwas steif wirkendem Laub oder kahlen Stängeln. Früh blühende Stauden wie die Primeln mit ihren rundlichen, dunkelgrünen Blättern lockern solche Pflanzungen aufs Angenehmste auf, ebenso die Blausternchen mit ihren zarten, kleinen Blüten. Weitere schöne Partner sind zweijährige Blumen wie Vergissmeinnicht und Stiefmütterchen.

Frühblüher unter Gehölzen
Ein üppiges, buntes Staudenbeet im Sommer lässt Gärtnerherzen höher schlagen; aber so eine schlichte Kombination aus weißer Sternmagnolie und roten Tulpen wird einen nach jedem Winter regelrecht »umhauen«. Durch Kombination der Tulpen mit gelben Narzissen und Blausternchen oder Vergissmeinnicht können Sie solche Pflanzungen auch farbenfroh gestalten. Frühjahrszwiebelblumen eignen sich gut zum Unterpflanzen von Laubgehölzen, sofern deren Wurzelwerk nicht das Setzen erschwert. Solange die Gehölze unbelaubt sind, erhalten die Blumen genügend Sonne, später sind die Zwiebeln hier gut geschützt.

Expertentipp
Zwiebelblumen immer in Gruppen zu wenigstens 5–7 Stück pflanzen.

Querverweise
Frühlingsblumen Seite 54–55

Querverweise
Frühjahrspracht aus Zwiebeln und Knollen Seite 28–29

Februar

Samen kaufen, Pflanzen bestellen, Geräte überprüfen: Aus Plänen und Vorhaben werden langsam, aber sicher konkrete Aktionen.

Nass und kalt, nass und warm, heftiger Frost oder warme Frühlingssonne – im Februar muss man mit allem rechnen. Und so mancher hat jetzt auch vom Winter die Nase voll. Dabei sind Gartenbesitzer gut dran: Mit Schneeglöckchen und Winterlingen vor der Haustür merken sie als erste, wenn das Frühjahr Einzug hält.

Allzu früh lohnt nicht

Der Frühling beginnt nun auch schon ganz praktisch, weil man konkrete Vorbereitungen für das Gartenjahr treffen kann. Dies bis hin zum Bearbeiten der Beete, wenn der Boden nicht zu nass ist, und zum Vorziehen erster Blumen und Gemüse. Man sollte sich jedoch von der Hektik, die manche Gärtner und Gartenmagazine verbreiten, nicht anstecken lassen. Alles hat notfalls Zeit bis zum März, und zu früh gestartete Aktivitäten schlagen leicht fehl. Vorzeitigen Aussaaten im Zimmer mangelt es nach dem Aufgehen am nötigen Licht, die Pflänzchen wachsen an kurzen, trüben Tagen nur dünn, blass und staksig heran. Und wenn milde Witterung zu sehr frühem Auspflanzen verleitet, kann nachfolgender Frost alles wieder zunichte machen.

Den Gartenboden kennen lernen

Die Zeit bis zum eigentlichen Saisonbeginn lässt sich gut für eine Bodenuntersuchung nutzen. Dies ist bei jeder »Inbetriebnahme« eines neuen Gartens empfehlenswert und später dann in Abständen von 3–4 Jahren ganz sinnvoll. Es gibt verschiedene Labore, die solche Analysen recht preiswert durchführen (Adressen kann man bei der für den Wohnort zuständigen Landwirtschaftskammer erfragen). Zuweilen bieten auch Gartenzeitschriften oder Pflanzenversender Bodenuntersuchungen an. Für die Entnahme und Aufbereitung der Bodenproben erhält man meist eine Anleitung der Untersuchungs-Institute. Deren Analyse gibt dann genau Aufschluss über Zusammensetzung, Nährstoffgehalte und pH-Wert (Säuregrad) des Bodens. Dieses Wissen ermöglicht eine optimale, zielgerichtete Düngung und Bodenverbesserung (siehe auch Seite 36–37).

Wenn das Schneeglöckchen seine Blüten über die weiße Decke erhebt, macht es seinem Namen alle Ehre.

Saat- und Pflanzgut

Pflanzen kaufen oder selber aussäen – diese Frage stellt sich bei Gehölzen kaum, denn sie lassen sich teils gar nicht, teils nur langwierig aus Samen heranziehen. Ähnlich verhält es sich mit Stauden, also langlebigen Blumen, wie Rittersporn oder Astilben. Sie werden oft nur als Pflanzen angeboten. Recht einfach ist dagegen die Anzucht von ein- oder zweijährigen Sommerblumen, zu denen z. B. Kapuzinerkresse und Tagetes zählen. Auch die meisten Gemüse und Kräuter wachsen problemlos aus Samen heran.

Allgemeines zum Einkauf

Übliche Bezugsquellen für Saat- und Pflanzgut sind Gärtnereien, Baumschulen, Gartencenter, Landhandel sowie Versandgärtnereien. Auch in Bau- und sogar Supermärkten werden zu Saisonzeiten Samen und Pflanzen angeboten, teils durchaus mit guter Qualität. Im Fachhandel ist die Auswahl allerdings am größten, man kann in der Regel mit guter Beratung rechnen sowie mit Ware, die besonderen Gütevorschriften genügt. Doch wo immer man die Pflanzware besorgt: Die jeweilige Art und Sorte (Name der Züchtung) sollten deutlich ausgewiesen sein. Denn verschiedene Arten und Sorten ein und derselben Pflanzengattung können nicht nur in der Blütenfarbe variieren, sondern auch unterschiedliche Wuchshöhen und -formen sowie Standortansprüche haben. Gerade bei Gehölzen, die ja eine längerfristige »Investition« darstellen, sollte man sich vor dem Kauf gründlich über Sorten und deren Eigenschaften informieren.

Eigene Anzucht und Saatgutkauf

Das Vorziehen eigener Gemüse- und Blumenpflanzen ist eine schöne Sache und gehört für viele zum Gartenspaß dazu. Allerdings verlangt das Ganze etwas Aufwand sowie geeignete Plätze in der Wohnung – oder vielleicht sogar ein kleines Gewächshaus. Denn neben Wärme brauchen die Saaten unbedingt genügend Helligkeit, um gesund heranzuwachsen.
Eine wichtige Voraussetzung für die erfolgreiche Anzucht ist gesundes Saatgut mit guter Keimfähigkeit. Im Allgemeinen kann der Griff zu etwas höherpreisigem Qualitätssaatgut nichts schaden. Wichtige Checkpunkte beim Einkauf von Samen sind:

➤ eine einwandfreie Verpackung, am besten mit Keimschutz (Doppelverpackung mit Innentüte),
➤ die Mindesthaltbarkeitsdauer, die leider nicht auf allen Tüten deutlich erkennbar aufgedruckt ist.

Gute Verpackung und Lagerung am Verkaufsort vorausgesetzt, hängt es vor allem von der Pflanzenart ab, wie lange die Keimkraft anhält. Samen von Verbenen oder Salat z. B. bleiben nur 1–2 Jahre gut keimfähig, Ringelblumen- oder Gurkensamen dagegen bis zu 6 Jahre.
Bewahren Sie Samentüten, besonders angebrochene Packungen, stets kühl (möglichst nicht über 10 °C), trocken und dunkel auf.

Gewächshaus für drinnen
Mini-Gewächshäuser erleichtern die eigene Anzucht von Gemüse und Blumen auf dem Fensterbrett.

Tipps für den Pflanzenkauf

Ältere, größere Gehölze machen im Garten wesentlich schneller etwas her, sind aber auch deutlich teurer als ein- oder zweijährige Jungpflanzen. Bei Gehölzen unterscheidet man:

➤ Containerpflanzen
Häufigste Angebotsform, werden in großen Gefäßen angezogen und verkauft. Können fast ganzjährig gepflanzt werden.

➤ Ballenpflanzen
Pflanzen mit Wurzelballen, der durch ein Tuch oder Netz zusammengehalten

Bei der Fülle des Pflanzenangebots ist es günstig, wenn man schon vor dem Kauf recht genau weiß, was man braucht und will.

wird. Häufig z. B. bei Nadel- und Obstgehölzen. Pflanzung nur im Herbst oder Frühjahr.

➤ Ballenlose (so genannte »wurzelnackte«) Pflanzen
Preiswerte Pflanzware ohne Erdballen; vor allem bei Heckengehölzen, auch bei Rosen. Pflanzung nur im Herbst oder Frühjahr.

Beachten Sie beim Auswählen von Gehölz-Pflanzware:

➤ Ballenlose Pflanzen sollten robuste Hauptwurzeln mit zahlreichen feinen Nebenwurzeln haben.

➤ Ballen- und Containerpflanzen sollten eine gute Durchwurzelung zeigen.

Bei den oberirdischen Teilen achtet man auf kräftige Triebe mit guter Verzweigung, bei Bäumen auf einen stabilen, geraden Stamm. Die Rinde sollte nicht beschädigt sein.

Da Containerware oft beblättert oder sogar blühend gekauft wird, kann man hier besonders gut Entwicklung und Gesundheit der Pflanzen beurteilen. Das gilt auch für Stauden, die man ebenfalls meist als Containerpflanzen erhält.

Achten Sie bei Stauden-, Sommerblumen- und Gemüsepflanzen auf:

➤ gute Durchwurzelung des Ballens,

➤ genügend große Verkaufstöpfe oder Container, aus denen nicht der Wurzelballen hervorquillt,

➤ kräftigen Wuchs und gesundes Grün, ohne Anzeichen von Krankheits- oder Schädlingsbefall.

Zwiebeln und Knollen schließlich – ob von Blumen, Gemüsezwiebeln oder Kartoffeln – dürfen nicht eingetrocknet sein und weder Beschädigungen noch Faulstellen zeigen.

Gemüse und Blumen vorziehen

Kurzinformation

Material, Werkzeug

Anzuchtschalen mit Abdeckhaube oder kleine Töpfe
Aussaaterde, Pikiererde
Holzbrettchen
Küchensieb, Pikierholz
Gießkanne mit feiner Brause

Anzuchtzeiten

Hauptaussaatzeit:
Mitte März bis Mitte April
frühe Saat (ab Februar):
Salat, Lauch, Säzwiebeln, Kohlrabi, Löwenmäulchen, Ringelblume, Tagetes
späte Saat (April/Mai):
Bohnen, Gurken, Zucchini, Kürbis, Rosenkohl, Basilikum, Kapuzinerkresse
Sommersaat (Juni/Juli):
zweijährige Blumen wie Vergissmeinnicht, Goldlack

Anzuchttemperaturen

optimale Keimtemperaturen:
meist 15–20 °C
20–25 °C brauchen:
Tomaten, Paprika, Auberginen, Gurken, Eisbegonien, Feuersalbei, Leberbalsam

Aussaat

Praktische Aussaatgefäße sind flache Schalen mit durchsichtiger Abdeckhaube. Große Samen kann man auch einzeln oder zu 2–4 in Töpfe (Durchmesser 6–10 cm) säen. Füllen Sie die Gefäße nicht ganz randvoll: Nach dem Glätten der Oberfläche (mit kleinem Holzbrett) und leichtem Andrücken der Erde sollte oben ein Gießrand von gut 1 cm bleiben. Sehr feines Saatgut wird möglichst gleichmäßig und nicht zu dicht ausgestreut, größere Samen legt man mit 1–2 cm Abstand aus.

Licht- oder Dunkelkeimer?

Dunkelkeimer keimen nur gut, wenn man sie – je nach Größe 1–2 cm hoch – mit Erde abdeckt. Am besten eignet sich dafür besonders feines, mit einem Sieb verteiltes Substrat, das dann etwas festgedrückt wird. Lichtkeimer überstreut man dagegen gar nicht oder nur hauchdünn und drückt sie mit einem Holzbrett leicht an. Ob es sich um ausgesprochene Dunkel- oder Lichtkeimer handelt, ist in der Regel auf der Samentüte vermerkt. Im Zweifelsfall die Samen nur dünn abdecken.

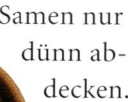

Für die Keimung sind meist hohe Temperaturen nötig. 2–3 Wochen nach Aufgang stellt man die Sämlinge ein paar Grad kühler auf.

Nach dem Säen

Die Aussaaterde gründlich durchfeuchten, und zwar mit feiner Brause (z. B. Wasserzerstäuber), damit die Samen nicht weggeschwemmt werden. Halten Sie in der Folgezeit die Erde gleichmäßig feucht, aber nicht zu nass. Eine Abdeckhaube oder über das Gefäß gelegte Glasscheibe schützt vor Verdunstung. Sobald die Sämlinge spitzen, muss die Abdeckung regelmäßig zum Lüften angehoben und schließlich ganz entfernt werden. Zum Keimen brauchen die Saaten Wärme, nach dem Aufgang ausreichend Helligkeit. Sie sollten jedoch vor praller Frühlingssonne geschützt werden.

Sämlinge pikieren

Die meisten Blumen und Gemüse bilden nach der Keimung zunächst zwei rundliche oder schmale Keimblätter aus. Darüber entfalten sich bald die ersten anders geformten Laubblätter, je nach Art etwa 3–6 Wochen nach der Aussaat. Zu dem Zeitpunkt wird es den Sämlingen in der Aussaatschale meist zu eng, weshalb man sie mit 4–5 cm Abstand in Anzuchtkisten oder kleine Einzeltöpfe pikiert. Für dieses Vereinzeln nimmt man am besten ausgewiesene Pikiererde. Hilfreich ist dabei ein Pikierholz, mit dem man die Wurzeln erst vorsichtig lockert und dann heraushebt.

Töpfe zum Mitpflanzen

Eine elegante Lösung bieten Anzuchttöpfe, die nach dem Auspflanzen im Boden verrotten. Am verbreitetsten sind die bewährten Jiffy-Pots aus Weißtorf und Zellulose; zuweilen findet man auch umweltfreundliche Töpfe aus Recyclingpappe (Paper-Pots). Solche Behältnisse bieten sich vor allem für größere Samen an. Außerdem eignen sie sich zum Pikieren. Beim Pflanzen draußen setzt man dann später schlicht die ganzen Töpfe ein. Fürs Säen einzelner Körner gibt es auch Quelltöpfe aus Torf, die sich nach gründlichem Wässern ausdehnen und später ebenfalls mit in die Erde kommen.

Expertentipp

Markieren Sie verschiedene Saaten mit beschrifteten Etiketten.

Querverweise

Gemüse und Blumen pflanzen Seite 52–53

Frühjahrspracht aus Zwiebeln und Knollen

Frühe Blüher

Name	Höhe	Blütenfarbe Blütezeit
Elfenkrokus (*Crocus tommasinianus*)	5–10 cm	weiß, hellviolett, blau Februar–April
Winterling (*Eranthis hyemalis*)	5–15 cm	gelb Februar–März
Zwergschwertlilie (*Iris reticulata*)	10–20 cm	violett mit gelbem Fleck Februar–März
Märzenbecher (*Leucojum vernum*)	15–30 cm	weiß März–April
Wildnarzissen (*Narcissus asturiensis, N. poeticus* u.a.)	10–40 cm	gelb, weiß März–April
Blausternchen (*Scilla siberica*)	10–20 cm	blau, weiß, rosa, hellviolett März–April
Botanische Tulpen (*Tulipa kaufmanniana* u. a.)	15–40 cm	rot, orange, gelb, rosa, einfach oder gefüllt März–April

Spätfrühlingsblüher

Name	Höhe	Blütenfarbe Blütezeit
Kaiserkrone (*Fritillaria imperialis*)	60–100 cm	rot, gelb, orange April–Mai
Schachbrettblume (*Fritillaria meleagris*)	20–40 cm	rot-weiß gemustert April–Mai
Hyazinthe (*Hyacinthus orientalis*)	20–30 cm	viele Farbtöne April–Mai
Hasenglöckchen (*Hyacinthoides hispanica*)	25–35 cm	blau, rosa, weiß April–Mai
Milchstern (*Ornithogalum nutans*)	25–50 cm	weiß April–Mai
Puschkinie (*Puschkinia scilloides*)	10–20 cm	blau, weiß April–Mai

Krokus

Crocus-Arten
Höhe: 5–10 cm; aufrecht
Blütezeit: je nach Art Februar – April
Knollenpflanze

➤ **farbintensive Blüher**

Blüten: gelb, weiß, rosa, violett, blau, auch mehrfarbig; becher- oder kelchförmig; **Boden:** jeder nicht zu dichte Gartenboden, kann auch sandig sein; **Pflege:** Knollen im August/September 5–10 cm tief stecken, 8–15 cm Abstand; gießen nur bei Frühjahrstrockenheit nötig; **Gestaltung:** in größeren Gruppen pflanzen, in Rabatten, unter Gehölze oder im Rasen; sehr attraktiv in Kombination verschiedenfarbiger Krokussorten

Schneeglöckchen

Galanthus nivalis
Höhe: 10–15 cm; aufrecht
Blütezeit: Februar – März
Zwiebelpflanze

➤ **erste Frühlingsboten**

Blüten: hängende weiße Glöckchen, innere Blütenblätter grün gerandet; **Boden:** humusreich, lehmig, frisch bis feucht; **Pflege:** Zwiebeln im September 10 cm tief stecken, 10–15 cm Abstand; Schneeglöckchen kann man jahrelang am selben Standort belassen, wo sie sich von selbst ausbreiten; für Neupflanzungen Zwiebelhorste nach der Blüte ausgraben, teilen und an gewünschter Stelle einsetzen; **Gestaltung:** in kleinen Gruppen unter Gehölze setzen; passen gut zu Winterlingen, Krokussen und Blausternchen

Expertentipp
Knollen alle 4–5 Jahren ausgraben und an anderer Stelle neu pflanzen.

Laub nach dem Verwelken vollständig einziehen lassen, damit die Zwiebeln und Knollen Reservestoffe fürs nächste Jahr einlagern können.

Traubenhyazinthe

Muscari-Arten
Höhe: 10–25 cm; aufrecht
Blütezeit: März – Mai
Zwiebelpflanze

➤ bildet dichte Kolonien

Blüten: Trauben aus blauen Glockenblütchen; *M. botryoides* 'Alba' blüht weiß; **Boden:** jeder gut durchlässige, nicht zu dichte Gartenboden; **Pflege:** Zwiebeln im August/September 5–10 cm tief stecken, 10 cm Abstand; bei längerer Trockenheit gießen; Bestände können im Spätsommer geteilt und verpflanzt werden; Wuchs, wenn nötig, durch Abstechen mit Spaten eindämmen; **Gestaltung:** in Gruppen unter Gehölzen, in Rabatten oder im Steingarten pflanzen

Gartennarzissen

Narcissus-Arten und -Hybriden
Höhe: 40–60 cm; aufrecht
Blütezeit: je nach Sorte März – Mai
Zwiebelpflanze

➤ bekannte Vertreter: Osterglocken

Blüten: gelb, gelborange, weiß, auch zweifarbig; trompeten- oder sternförmig, groß, bis zu 7 cm Ø; **Boden:** humos, nährstoffreich, durchlässig, feucht, aber nicht nass; **Pflege:** Zwiebeln im August/September 10–20 cm tief stecken, 10–20 cm Abstand; bei Trockenheit gießen, zum Wachstumsbeginn organisch düngen; nach etwa 3–4 Jahren im Sommer vorsichtig ausgraben und neu einpflanzen; **Gestaltung:** sehr schön mit blauen und roten Frühjahrsblühern; hübsche Alternative: kleinblumige Wildnarzissen

Gartentulpen

Tulipa-Arten
Höhe: 20–60 cm; aufrecht
Blütezeit: je nach Sorte März – Mai
Zwiebelpflanze

➤ gewaltiges Sorten-Angebot

Blüten: alle Farben außer Blau, auch mehrfarbig, glockig bis trichterförmig; **Boden:** nährstoffreich, durchlässig, keine Staunässe; **Pflege:** Zwiebeln im September 10–15 cm tief stecken, 15–20 cm Abstand, beim Austrieb düngen, Boden während der Blütezeit leicht feucht halten; Blüten nach dem Verwelken mit einem Teil des Stiels wegschneiden; **Gestaltung:** beachten Sie bei der Auswahl der Tulpen und ihrer Kombinationspartner, dass es früh blühende, mittelfrühe und späte Sorten gibt

Gute Partner
Forsythie, Narzissen, Primeln, Tulpen, Zierkirsche

Querverweise
Frühlingsblumen Seite 54–55
Frühlings-Blütengehölze Seite 56–57

Arbeitskalender Januar/Februar

Januar

Allgemeine Gartenarbeiten

In Gartenbüchern und Gartenzeitschriften schmökern, Kataloge von Pflanzenversendern bestellen, Gartentagebuch anlegen. Wenn Frost droht, Winterschutzabdeckungen (Nadelholzreisig, Laub) bei empfindlichen Pflanzen überprüfen, wenn nötig erneuern. Artgerechtes Futter und Trinkwasser für Vögel bereitstellen.

Arbeiten im Blumen- und Staudengarten

Im Haus überwinterte Pflanzen (z. B. Blumenzwiebeln) regelmäßig kontrollieren, Faules und Krankes entfernen. Blumenbeete und Rabatten planen. Liste der bevorzugten Pflanzen zusammenstellen und nach Blütezeit ordnen. Samentüten vom Vorjahr durchsehen, wenn nötig aussortieren.

Arbeiten im Gemüse- und Kräutergarten

Letztes Wintergemüse vor Frostnächten mit Fichtenreisig oder Vlies schützen. Anbau- und Beetbelegungsplan erstellen. Für frischen Vitamingenuss Gemüsesprosse am Fensterbrett anziehen (Kresse, Erbsen, Sojabohnen). Samentüten vom Vorjahr durchsehen, wenn nötig aussortieren.

Arbeiten an Zier- und Obstgehölzen

Immergrüne Gehölze an frostfreien Tagen gießen. Schneelasten von Ästen abfegen. Obstbäume an der Sonnenseite mit Weißanstrich versehen, um Rindenschäden vorzubeugen. Spalierobst mit Reisig oder Jutesäcken vor Wintersonne schützen. An frostfreien Tagen Obstgehölze schneiden, Ziergehölze (Sommer- und Herbstblüher) auslichten, ebenso Beerensträucher, sofern nicht gleich nach der Ernte geschehen.

Ab März geht's rund. Doch der Start ins Gartenjahr gelingt ohne Stress, wenn man jetzt schon alle nötigen Vorbereitungen trifft.

Februar

Allgemeine Gartenarbeiten

Blumen- und Gemüsesamen kaufen oder bestellen, um Pflanzware für Gehölze kümmern. Gartenwerkzeug und -geräte (z. B. Rasenmäher) überprüfen, wenn nötig erneuern oder zur Reparatur geben. Zubehör (Saatschalen, Etiketten, Gartenschnur) ergänzen. Vor Frostnächten Winterschutzabdeckungen (Reisig, Laub) bei empfindlichen Pflanzen überprüfen, wenn nötig erneuern. Evtl. Bodenuntersuchung durchführen lassen. Neue Nistkästen anbringen, alte säubern.

Arbeiten im Blumen- und Staudengarten

Bei frostfreiem, trockenem Wetter Beete und Rabatten für Neupflanzungen vorbereiten. Erste Sommerblumen (z. B. Löwenmäulchen, Ringelblumen) können ab Mitte des Monats drinnen vorgezogen werden.

Arbeiten im Gemüse- und Kräutergarten

Bei frostfreiem, trockenem Wetter erste Beete saatfertig machen. Wenn im Herbst nicht geschehen, tiefgründige Bodenlockerung nachholen. Im Gewächshaus Salat, Lauch und Kohl vorziehen. Bei günstiger Witterung gegen Monatsende Spinat, Dicke Bohnen und frühe Möhren säen.

Arbeiten an Zier- und Obstgehölzen

Immergrüne Gehölze nach längerer Trockenheit gießen, wenn Boden nicht gefroren. An frostfreien Tagen weiterhin Obstbäume und sommer- sowie herbstblühende Ziergehölze auslichten. Spiersträucher und Sommerflieder zurückschneiden. Eingetrocknete »Fruchtmumien« an Obstbäumen entfernen. Pflanzstellen für neue Gehölze vorbereiten.

März

Vorsicht bei empfindlichen Pflanzen: Die Frostgefahr ist längst noch nicht vorbei, auch wenn einige milde Tage anderes verheißen.

Laut Kalender beginnt der Frühling meist am 21., seltener am 20. März. Der »gärtnerische Frühlingsanfang« liegt allerdings meist früher, je nachdem, wie sich Wetter und Vegetation entwickeln. Ein wichtiger Anhaltspunkt für den Gartenstart ist die Bodenfeuchte: Auf noch winternassen Böden lassen sich nicht nur schwer Beete herrichten, sie werden durch vorzeitiges Bearbeiten auch unnötig verdichtet.

Vom grünen Daumen

Es gibt sicher Menschen, die im Umgang mit Pflanzen besonderes Geschick zeigen. Doch grundsätzlich kann sich jeder den berühmten grünen Daumen »antrainieren«. Durch Beobachten und Erfahrungen (dazu gehören bekanntlich auch Fehler) entwickelt man recht bald ein Gespür für das lebendige Grün. Mit Interesse und der Zeit wächst dann auch das nötige Wissen. Zunächst besonders wichtig: die zeitlichen Abläufe kennen zu lernen und sich über die Standortansprüche der Pflanzen zu informieren.

Schon die Einsicht in ein paar einfache Zusammenhänge kann helfen, Pflanzen und nötige Pflegemaßnahmen besser zu verstehen. So etwa haben Pflanzen schlicht den Drang zu wachsen, sich zu vermehren und auszubreiten. Das heißt z. B., sie setzen Samen an, wo wir lieber noch mehr Blüten hätten oder unterdrücken mit Ausläufern Nachbarpflanzen, die wir gern erhalten möchten.

Durch ihre Fähigkeit zur Photosynthese können Pflanzen auf einzigartige Weise aus einfachem Kohlendioxid Körpersubstanz und energiereiche Stoffe aufbauen. Dafür brauchen sie unbedingt Wasser, Wärme, Nährstoffe und vor allem Sonnenlicht. Dunkle Wälder, trockene Heiden oder karge Felsen z. B. bieten da nicht gerade optimale Voraussetzungen. Gewächse, die von solchen Naturstandorten stammen, haben gelernt, mit diesen Bedingungen zu leben, zeigen aber oft spezielle Ansprüche. Das gilt meist auch für Gartenzüchtungen, die von ihnen abstammen, und macht so manchen »Sonderwunsch« verständlich.

Wenn die ersten Tulpen blühen, reicht der Winter langsam, aber sicher seinen Abschied ein.

Voraussetzungen für gutes Gedeihen

Allem Angebot an Hilfsmitteln und Gartentechnik zum Trotz: Entscheidend bleibt, welche natürlichen Bedingungen man den Pflanzen bieten kann. Man fasst diese auch als Standortfaktoren zusammen, nämlich:

- Klima (Temperatur, Niederschläge, Wind)
- Lichtverhältnisse
- Bodeneigenschaften
- Wasserverhältnisse

Wärme und Kälte

Die Pflanzenentwicklung bei zunehmenden Frühjahrstemperaturen demonstriert deutlich: Wärme ist ein ganz wichtiger Wachstumsfaktor. Er wird durch das regionale Klima vorgegeben, man kann lediglich das Kleinklima im Garten ein wenig steuern und Vorkehrungen gegen Frostschäden treffen (siehe Seite 122–123). Daneben sind gerade im Frühjahr Gewächshaus oder Folien erprobte Mittel, um dem Klima ein Schnippchen zu schlagen. Ohne Lüften kommt es jedoch an sonnigen Frühlingstagen unter Glas und Folie zum ungünstigen Hitzestau. Ähnliches passiert im Sommer vor weißen, reflektierenden Südwänden, was z. B. Rosen oder Nadelgehölze schlecht vertragen. Zu viel Wärme kann demnach auch negative Folgen haben. Viele unserer Gartenpflanzen brauchen zudem winterliche Ruhephasen oder sogar Kältereize, um sich gut zu entwickeln; so etwa einige Zwiebelblumen, die nur Wurzeln ausbilden und austreiben, wenn sie eine Zeit lang Niedrigtemperaturen ausgesetzt waren.

Licht und Schatten

Mit der Sonne als Lichtlieferant besteht natürlich ein enger Zusammenhang zwischen Helligkeit und Wärme. Zwar sollten die meisten Gemüse, Kräuter, Prachtstauden und Sommerblumen einen sonnigen Platz erhalten. Doch in der Regel ist eine Beschattung um die Mittagszeit günstiger als ganztägig pralle Sommersonne.
Viele Pflanzen gedeihen gleichermaßen in der Sonne und im Halbschatten (halbtägiger Vollschatten oder ganztägig leichte Beschattung). Schattengewächse wie Funkie und Eisenhut werden jedoch kaum Freude machen, wenn sie im Sommer der sengenden Mittagssonne ausgesetzt sind.
Die Nichtbeachtung der Lichtansprüche ist ein häufiger Grund für Misserfolge mit Pflanzen. Man sollte diesbezügliche Hinweise ernst nehmen, auch wenn die Angaben in Literatur und Katalogen leicht variieren können. Häufig werden Sonne, Halbschatten und Schatten durch leere, halbvolle und volle Kreise dargestellt. Die in den Pflanzenporträts in diesem Buch verwendeten Piktogramme finden Sie auf Seite 152 erläutert.
Ob der Garten nach Süden oder Nordwesten zeigt – das kann man sich natürlich kaum aussuchen. Prüfen Sie jedoch vor dem Anlegen von Beeten und Pflanzungen genau, wohin zu welcher Tageszeit wie viel Licht fällt. Ein hoch wachsender Strauch sollte beispielsweise nicht gerade südöstlich vom Gemüse- oder Rosenbeet gepflanzt werden. Überhaupt taucht das Problem »zu viel Schatten« oft massiv nach 5 oder 10 Gartenjahren auf: Bedenken Sie bei allen Gehölzpflanzungen, dass aus den anfangs zierlichen Pflanzen oft gewaltige Schattenwerfer heranwachsen.
Schließlich gibt es beim Thema Licht noch etwas anderes zu beachten: So genannte Langtagspflanzen setzen erst ab einer bestimmten Tageslänge Blüten an. So z. B. Salat oder Spinat, die an langen, warmen Sommertagen

Schön unter Gehölzen
Das Duftveilchen *(Viola odorata)* kommt mit wenig Sonne aus, es braucht aber feuchten Boden.

Die meisten Steingartenpflanzen sind Sonnenkinder und profitieren vom Wärmespeichereffekt großer Steine.

schnell »schießen« und dann kaum mehr genießbar sind. Man muss deshalb bei manchen Gemüsearten je nach Jahreszeit geeignete Früh-, Spät- oder Sommersorten wählen.

Wasser und Boden

Pflanzen enthalten bis zu 90% Wasser, das eine tragende Rolle in ihrem Stoffwechsel spielt. Keine Frage, richtiges Gießen (siehe Seite 76–77) gehört deshalb zum A und O der Pflanzenpflege. Ebenso wichtig ist, dass der Boden als eigentlicher »Wasserversorger« dieser Aufgabe gerecht werden kann. Um den Gartenboden geht es ausführlicher auf der nächsten Seite, doch der genannte Zusammenhang zeigt, dass bei den Standortfaktoren oft das Wechselspiel entscheidend ist.

Mit den beliebten Rhododendren gibt es z. B. oft Probleme, weil die meisten Sorten sauren (kalkfreien) Boden brauchen. Die Zugabe von reichlich saurem Torf nützt allerdings wenig, wenn der Boden ansonsten verdichtet ist oder ein zu sonniger, trockener Platz gewählt wurde.

Man hat nicht immer rundum optimale Standorte zu bieten, umgekehrt sind Pflanzen da auch etwas anpassungsfähig. Doch eine grobe Missachtung ihrer natürlichen Lebensbedingungen vertragen sie nicht. Das lässt sich später dann durch noch so viel Gießen, Düngen oder Spritzen nicht ausgleichen. Auf Dauer wird man mehr Spaß am Garten haben, wenn man Pflanzen nach den vorhandenen Bodenverhältnissen auswählt, statt Gartenplätze mühsam an die Ansprüche bestimmter Arten anzupassen.

Boden und Düngung

Böden setzen sich hauptsächlich aus mineralischen Bestandteilen zusammen, die – abgesehen von Steinen – als winzige Körner vorliegen. Nach der Korngröße unterscheidet man:

- Sand (größere Körnchen)
- Schluff (mittelgroße Körnchen)
- Ton (sehr feine Körnchen)
- Lehm (besteht zu etwa gleichen Teilen aus Sand, Schluff und Ton)

Bodenarten und ihre Eigenschaften

Die verschiedenen Korngrößen führen zu folgenden Eigenschaften:

- Lehmböden bieten für das Pflanzenwachstum optimale Voraussetzungen, auch Schluffböden eignen sich gut.
- Sandböden sind locker, durchlässig, gut durchlüftet, leicht zu bearbeiten, aber auch trocken und eher nährstoffarm. Sie lassen sich durch Zugabe tonmineralhaltiger Steinmehle verbessern.
- Tonböden dagegen können viel Wasser und Nährstoffe speichern, beides ist aber für die Pflanzenwurzeln schlecht verfügbar. Feucht bis nass und oft verdichtet, gehören sie zu den ungünstigsten Gartenböden. Obwohl sie schwer zu bearbeiten sind, sollten sie im Herbst zur gründlichen Lockerung umgegraben werden. Tonböden lassen sich durch Untermischen von Sand und Kalk verbessern. Ansonsten hilft auf Dauer vor allem eins: das Erhöhen und Bewahren des Humusgehalts.

Humus – Quell der Fruchtbarkeit

Unter Humus versteht man die zersetzten Abbauprodukte von Pflanzenteilen und Tieren, die sich im Boden anreichern. Hoher Humusgehalt – erkennbar an seiner dunklen Färbung – ist günstig für Wasserhaushalt und Struktur des Bodens und speichert Nährstoffe, die nach und nach an die Wurzeln abgegeben werden. Um organische Reste in Humus umzuwandeln und dessen Nährstoffe aufzuschließen, braucht es ein reichhaltiges Bodenleben – also das Zusammenspiel unzähliger Mikroben, Pilze und Kleintiere, von denen die Regenwürmer die bekanntesten sind.

Bienenfreund (Phacelia) – Gründünger

Um den Humusgehalt und das Bodenleben zu fördern, gibt es vor allem drei wirksame, preiswerte Maßnahmen:

- Mulchen, d. h. Abdecken freier Bodenflächen mit verrottendem Pflanzenmaterial wie Grasschnitt und Laub,
- regelmäßige Kompostgaben,
- Gründüngung, d. h. Aussaat spezieller Pflanzen (z. B. *Phacelia*, Senf, Wicken), die bei Frost absterben oder vor dem Winter abgemäht und oberflächlich eingearbeitet werden; gerade vor Neuanlagen sehr empfehlenswert.

Säuregrad und pH-Wert

Der pH-Wert ist eine Maßzahl für den Säuregrad des Bodens und reicht von 0 (extrem sauer) bis 14 (extrem alkalisch). Ein pH-Wert von 7 bedeutet neutral. Vom pH-Wert des Bodens hängt ab, wie gut Pflanzen die Nährstoffe aufnehmen können. Die meisten Pflanzen gedeihen bei pH-Werten zwischen 5,5 (schwach sauer) und 7,5 (schwach alkalisch) am besten.
Ein hoher pH-Wert geht meist mit hohem Kalkgehalt einher. Der pH-Wert des Bodens lässt sich durch Zugabe von Torf und sauer wirkenden Düngern (z. B. Ammoniumsulfat) absenken, umgekehrt durch kohlensauren Kalk anheben.
Genauen Aufschluss über pH-Wert und weitere Bodeneigenschaften gibt eine Bodenanalyse (siehe Seite 23).

Pflanzennährstoffe und Düngung

Pflanzen brauchen verschiedene Nährstoffe in abgestimmtem Verhältnis. Die

Im Gemüsegarten werden durch die Ernte immer wieder Nährstoffe entzogen. Reichliche Kompostgaben sorgen für Nachschub.

wichtigsten sind Stickstoff (Düngeformen: Nitrat, Ammonium), Kalium (als Düngesalz: Kali), Phosphor (Phosphat), Kalk, Magnesium und Eisen. Dazu kommen einige weitere Stoffe, die die Pflanzen allerdings nur in geringen Mengen benötigen.

Die Düngung soll die Nährstoffreserven des Bodens ergänzen und Verluste durch Ernten, Auswaschung usw. ausgleichen. Oft genügen dafür schon regelmäßige Kompostgaben (siehe auch Seite 112–113).

»Hochleistungspflanzen« wie manche Gemüse, Sommerblumen und Prachtstauden haben allerdings einen recht hohen Nährstoffbedarf. Wer den rein biologisch decken möchte, findet im Fachhandel verschiedene organische Handelsdünger mit erhöhter Nährstoffkonzentration. Andernfalls stehen mineralisch-synthetische Düngemittel zur Verfügung. Sie werden entweder ausgestreut und leicht eingeharkt oder als Flüssigdünger mit der Gießkanne verteilt.

➤ Halten Sie sich an die Packungsangaben.

➤ Düngen Sie nur auf feuchten Boden, möglichst bei bedecktem Himmel.

➤ Vorsicht bei leicht löslichen Mineraldüngern: Überdüngung belastet nicht nur die Umwelt, sondern kann auch den Pflanzen und dem Bodenleben schaden.

➤ So genannte Vorratsdüngungen (z. B. Kalium, Kalk) werden im Herbst durchgeführt. Ansonsten vor allem stickstoffhaltige Dünger erst zu Wachstumsbeginn im Frühjahr ausbringen und, wenn nötig, im Frühsommer und Sommer weitere Gaben verabreichen.

Aussaat ins Beet

Kurzinformation

Saatkalender

Freilandsaat ab Ende Februar:
Spinat, Dicke Bohnen, Möhren

Freilandsaat ab März:
Radieschen, Rettich, Lauch, Erbsen, Salat, Kresse

Freilandsaat ab April:
Kohlarten, Mangold, Rote Bete, die meisten Kräuter, Ringelblume, Sonnenblume, Kornblume, Duftsteinrich

Freilandsaat ab Mai:
Eissalat, Bohnen, Gurken, Zucchini, Kürbis

Freilandsaat im Sommer:
Sommersorten von Gemüsen, zweijährige Sommerblumen

Freilandsaat ab August:
Feldsalat, Spinat

Praktische Hilfsmittel

Schnur mit Pflöcken
Zollstock oder Bandmaß
Stock zum Reihenziehen
Stecketiketten, wasserfester Stift

Saatbeetvorbereitung im Frühjahr
Wenn nicht schon im Herbst tiefgründig gelockert wurde (siehe Seite 114–115), holt man das nun so früh wie möglich nach, damit sich der Boden bis zur Feinbearbeitung noch etwas setzen kann. Diese besteht zunächst im flachen Lockern mit Kultivator oder Grubber. Bei umgegrabenen Böden zuvor mit der Hacke die Reste der Schollen zerkleinern. Dabei nochmals sorgfältig Unkrautwurzeln sowie bereits aufkeimende Kräuter entfernen.

Saatoberfläche herrichten
Nun kommt der Rechen (Harke) an die Reihe, mit dem die Beetoberfläche eingeebnet wird. Es ist manchmal – je nach Boden – gar nicht so einfach, die nach der Bearbeitung entstandenen Unebenheiten auszugleichen; man muss den Rechen oft mehrmals quer und längs über die Fläche ziehen und dabei größere Bodenteile zerkleinern oder abharken. Doch die Mühe lohnt sich, denn Mulden, in denen das Wasser stehen bleibt, gefährden die Saat. Zugleich wird die Oberfläche optimal zerkrümelt.

Achten Sie bei Kopfsalat, Möhren und anderen Gemüsen auf die passende Sortengruppe je nach Jahreszeit, für März zum Beispiel frühe oder mittelfrühe Sorten verwenden.

Saatreihen anlegen
Das häufigste Verfahren ist die Reihensaat. Dazu zieht man in Längsrichtung des Beets möglichst gerade Saatrillen, wobei die nötigen Abstände je nach Gemüseart zu beachten sind. Hilfreich ist dabei eine Schnur, die an zwei Pflöcken über das Beet gespannt und mit Hilfe eines Metermaßes ausgerichtet wird. Die Saatrillen zieht man mit einem Stöckchen oder mit der Kante des Rechens. Ihre Tiefe hängt von der Größe des Saatguts ab, in der Regel genügen 2–4 cm. Für Lichtkeimer wie Kopfsalat, Möhren und Ringelblume legt man keine oder nur sehr flache Rillen an.

Säpraxis
Große Samen lassen sich gut im Endabstand ausbringen, allerdings legt man pro Saatstelle besser 2–3 Körner aus, damit es bei Ausfall keine Lücken gibt (schwächere Sämlinge später entfernen). Feinere Samen streut man mit der Hand, direkt aus der Samentüte oder mit einem gefalteten Karton als Hilfe möglichst gleichmäßig aus. Danach zieht man mit der Hand oder dem Rechen von der Seite Erde bei, um die Rillen zu schließen. Anschließend wird gründlich mit feiner Brause gegossen. Bei der Breitsaat, z. B. mit Feldsalat möglich, werden die Samen breitwürfig über das Beet gestreut und anschließend eingeharkt.

Aussaat mit Saatbändern
Die meisten Direktsaaten stehen nach Aufgang zu eng und müssen mehrmals ausgedünnt werden. Diese Arbeit kann man sich mit Saatbändern sparen. Hier sind die Samen schon im nötigen Endabstand auf Spezialpapier befestigt. Die Bänder werden je nach Beetlänge zugeschnitten und in die Rillen ausgelegt, die man am besten vorher anfeuchtet und schließlich wie bei normaler Saat abdeckt. Ähnliche Arbeitserleichterung bieten Saatteppiche oder so genannte Quick-Sticks, Pappstäbchen mit je einem Samen, die einfach in die Erde gesteckt werden. Alle Hilfs- bzw. Trägermaterialien verrotten im Boden.

Expertentipp
Zum späteren Verpflanzen kann man die Reihen enger anlegen.

Expertentipp
Pillierte Samen erleichtern gezieltes Säen.

Querverweise
Gemüse pflegen Seite 66–67

Gemüse für Einsteiger

Beliebte Gemüse

Name	Anzucht/ Aussaat	Pflanzung Abstand
Blumenkohl	April–Mai ins Freie	April (gekaufte Pflanzen)–Juni 50 x 50 cm
Brokkoli	im März vorziehen, April–Juni ins Freie	Ende Mai 40 x 50 cm
Eissalat	ab März vorziehen, Mai–Juli ins Freie	April–August 30 x 35 cm
Endivie	Juni ins Freie	Juli–Anfang August 30 x 30 cm
Feldsalat	August–Mitte September direkt aufs Beet	entfällt 10 x 10 cm oder breitwürfig säen
Grünkohl	Mai–Juni ins Freie	Juli–Anfang August 50 x 50 cm
Knoblauch	entfällt; Zehen stecken	März, (September) 20 x 10 cm
Lauch	März–Juni ins Freie	April–August 30 x 15 cm
Mangold	April–Juli direkt aufs Beet	entfällt 40 x 30 cm
Pflücksalat	April–Juli direkt aufs Beet	entfällt 30 x 30 cm
Rettich	März–August direkt aufs Beet	entfällt 25 x 15 cm
Rhabarber	entfällt; Teilstücke pflanzen	Oktober oder März/April 100 x 100 cm
Rosenkohl	April–Mai ins Freie	Mai–Juni 60 x 60 cm
Rote Bete	April–Juni direkt aufs Beet	entfällt 25 x 10 cm
Schnittsalat	März–April direkt aufs Beet	entfällt 10–15 cm
Spinat	August–Mitte September, Februar–Mai direkt aufs Beet	entfällt 20 x 29 cm oder breitwürfig säen
Weiß-, Rot- und Wirsingkohl	März–Juni vorziehen	April–Juni 40 x 40 cm bis 60 x 60 cm

Zwiebel

Allium cepa

Pflanzabstand: 25 x 10 cm

Erntezeit: Juli – August

Zwiebelgemüse

➤ Laub als Würze verwendbar

Anbau: käufliche Steckzwiebeln ab März – Ende April pflanzen; auch Aussaat möglich, dauert jedoch länger; **Boden:** humos, durchlässig, nicht zu feucht; vor Pflanzung mit organischem Dünger versorgen und gründlich lockern; **Pflege:** bei Trockenheit gießen, zwischen den Reihen sehr vorsichtig hacken; **Ernte:** erste Zwiebeln für die Küche schon ab Juni; Haupternte, wenn das Laub umknickt und gelb wird; vor dem Einlagern abtrocknen lassen

Kohlrabi

Brassica oleracea var. *gongylodes*

Pflanzabstand: 30 x 25 cm

Erntezeit: Juni – September

Kohlgemüse

➤ grüne und blaurote Sorten

Anbau: ab Februar vorziehen, nach Aufgang Pflänzchen auf 6 cm pikieren; ab April auspflanzen; nicht zu viel auf einmal säen, sondern alle 4 Wochen Folgesaaten (bis Juli) durchführen; **Boden:** humos, nicht zu trocken; gut mit Kompost versorgen; **Pflege:** gleichmäßig feucht halten, sonst platzen die Knollen; nach Pflanzung ein- bis zweimal organisch düngen; **Ernte:** etwa 10–12 Wochen nach der Aussaat; Knollen nicht zu groß werden lassen, sie verholzen sonst

Gute Partner

Erdbeeren, Gurken, Kopfsalat, Möhren, Tomaten, Zucchini

Expertentipp

Anhäufeln und Mulchen sind günstig für die Entwicklung.

Pflanzabstände werden meist als Reihenabstand mal Abstand in der Reihe angegeben. Engeres Setzen reizt – aber es lohnt nicht.

Möhre, Karotte

Daucus carota ssp. *sativus*
Pflanzabstand: 25 x 5 cm
Erntezeit: Juni – Oktober
Wurzelgemüse

➤ **tiefe Bodenlockerung wichtig**

Anbau: ab Februar bis Mitte Juni direkt ins Beet säen, dabei passende Früh-, Sommer- oder Spätsorten wählen; in die Reihen zusätzlich einige Radieschen säen (Markiersaat), da die Möhren erst 3–4 Wochen nach Saat zu sehen sind; **Boden:** humos, durchlässig; gründlich lockern, nur gut ausgereiften Kompost zugeben; **Pflege:** zu dicht stehende Pflänzchen ausdünnen; gleichmäßig, aber nicht übermäßig feucht halten; **Ernte:** 10–16 Wochen nach Aussaat, bei späten Möhrensorten 22–26 Wochen

Kopfsalat

Lactuca sativa var. *capitata*
Pflanzabstand: 25 x 25 cm
Erntezeit: Mai – September
Salatgemüse

➤ **im Frühjahr mit Folie schützen**

Anbau: ab März vorziehen, nach Aufgang Pflänzchen auf 4–5 cm pikieren; alle 2–3 Wochen Folgesaaten, bis August möglich; dabei passende Früh-, Sommer- oder Spätsorten wählen; **Boden:** humos, durchlässig, nicht zu sauer; **Pflege:** Kompost als Düngung meist ausreichend; nicht feucht halten (Fäulnisgefahr), aber bei Trockenheit Boden durchdringend wässern; regelmäßig Boden lockern; **Ernte:** größte Köpfe zuerst ernten; bei Frühsorten nicht zu lange warten, sonst »schießt« der Salat

Radieschen

Raphanus sativus var. *sativus*
Pflanzabstand: 10 x 8 cm
Erntezeit: Mai – September
Knollengemüse

➤ **frühes Erntevergnügen**

Anbau: ab März – August direkt aufs Beet säen, alle 2–3 Wochen in Folgesaaten; verschiedene Sorten für Frühjahrs- und Sommersaat beachten; nach Aufgang zu dicht stehende Pflänzchen ausdünnen; **Boden:** humos, locker; **Pflege:** gleichmäßig leicht feucht halten, Boden oft lockern; Düngung nicht nötig; **Ernte:** im Frühjahr etwa 6, im Sommer 4 Wochen nach der Saat; nicht zu lange warten, sonst werden die Knollen »pelzig«; immer die dicksten Radieschen zuerst ernten

Gute Partner
Fast alle Gemüse außer Petersilie und Sellerie

Querverweise
Frucht- und Hülsengemüse Seite 70–71

Kräuter für den Garten

Einjährige Kräuter

Name	Aussaat/ Pflanzung	Ernte
Bohnenkraut	im April vorziehen, nach Mitte Mai pflanzen	den ganzen Sommer über, zum Trocknen während der Blüte
Borretsch	April–Juni ins Freie säen	den ganzen Sommer über
Dill	ab April in Folgesaaten	Frühsommer bis Herbst
Kerbel	März–April ins Freie säen	junge Blätter vor der Blüte
Kresse	ab März in Folgesaaten	Frühjahr bis Herbst
Majoran	im März vorziehen, Ende Mai pflanzen	den ganzen Sommer über, zum Trocknen vor der Blüte
Rucola (Salatrauke)	ab April in Folgesaaten	junge Blätter vor der Blüte

Mehrjährige Kräuter

Estragon	im April ins Freie säen, später verpflanzen	den ganzen Sommer über
Liebstöckel	gekaufte Pflanze (eine reicht) im April setzen	Frühjahr bis Herbst
Rosmarin	Pflanzen kaufen, am besten in Töpfen kultivieren und drinnen überwintern	Frühsommer bis Herbst
Salbei	gekaufte Pflanzen im April/ Mai setzen	ab Mai bis Herbst, zum Trocknen vor der Blüte
Thymian	gekaufte Pflanzen nach Mitte Mai setzen	Frühjahr bis Herbst, zum Trocknen vor der Blüte
Zitronenmelisse	gekaufte Pflanzen im Mai setzen	ab Mai bis Herbst, zum Trocknen vor der Blüte

Schnittlauch

Allium schoenoprasum

Pflanzabstand: 25 cm (Horste)
Erntezeit: April – Oktober
mehrjähriges Würzkraut

➤ **nicht zu stark beernten**

Anbau: im März/April draußen säen, etwa 4 Wochen später Büschel mit 10–20 Sämlingen an gewünschte Stelle pflanzen; 2–4 Horste reichen für den Küchenbedarf meist aus; **Boden:** locker, vor Pflanzung gut mit Kompost versorgen; **Pflege:** gleichmäßig gut feucht halten; wenn mehr Blattentwicklung gewünscht, Blüten abschneiden; **Ernte:** röhrenförmige Blätter 6–8 Wochen nach Aussaat kurz über der Erdoberfläche abschneiden, dann erst wieder Neuaustrieb entwickeln lassen; ab dem 2. Jahr Ernte ab April

Expertentipp
Horste nach 3–4 Jahren teilen und neu einpflanzen, erhöht die Lebensdauer.

Pfefferminze

Mentha x piperita

Pflanzabstand: 30 cm
Erntezeit: April – September
mehrjähriges Würz- und Teekraut

➤ **intensiver Duft**

Anbau: gekaufte Jungpflanzen im Frühjahr setzen, 2–3 Pflanzen genügen, da sie sich durch Ausläufer stark ausbreiten; **Boden:** humos, durchlässig; **Pflege:** beim Pflanzen Wurzelsperre (Kunststoffmanschette o. Ä.) einsetzen oder regelmäßig Ausläufer abtrennen; bei Pilzbefall Rückschnitt und Standortwechsel; **Ernte:** Blätter und junge Triebe fortlaufend; zum Trocknen Schnitt vor der Blüte im Juni; frische Blätter verfeinern Fisch- und Fleischgerichte und Salate

Expertentipp
Die Zitronenmelisse hat ähnliche Eigenschaften und Ansprüche.

Pflanzen Sie Kräuter möglichst gut erreichbar in Haus- oder Terrassennähe. Sie lassen sich auch gut in Rabatten unterbringen.

Basilikum

Ocimum basilicum
Pflanzabstand: 25 cm
Erntezeit: Ende Mai – August
einjähriges Würzkraut

➤ braucht viel Sonne und Wärme

Anbau: im April drinnen vorziehen, Sämlinge pikieren; nach Mitte Mai, besser erst Ende Mai, an sonnigen, aber geschützten Platz ins Freie pflanzen; **Boden:** humos, nährstoffreich, durchlässig; **Pflege:** gleichmäßig leicht feucht halten; lassen sich bei Kultur in Töpfen (Terrasse, Fensterbrett) leichter vor Kälte und zu viel Regen schützen; **Ernte:** Blätter und junge Triebe den ganzen Sommer über; zuerst Triebspitzen ernten, Pflanze wächst dann buschiger; kurz vor der Blüte am aromatischsten

Oregano, Dost

Origanum vulgare
Pflanzabstand: 25 cm
Erntezeit: Ende Mai – September
mehrjähriges Würzkraut

➤ passt gut in Steingärten

Anzucht: im April drinnen vorziehen (Keimdauer 2–4 Wochen); nach Mitte, besser Ende Mai ins Freie pflanzen, vor Spätfrösten schützen; **Boden:** durchlässig, nährstoffarm, kalkhaltig, sandiger Standort günstig; **Pflege:** nur bei Trockenheit gießen, keine Düngung; im Herbst mit Winterschutz versehen, im Frühjahr bis kurz über dem Boden zurückschneiden; **Ernte:** Blätter und junge Triebspitzen für Frischverwendung fortlaufend pflücken; Aroma während der Blüte am intensivsten, dann auch Schnitt zum Trocknen

Petersilie

Petroselinum crispum
Pflanzabstand: 20 x 10 cm
Erntezeit: Juni – Mai (2.Jahr)
zweijähriges Würzkraut

➤ kraus- und glattblättrige Sorten

Anzucht: ab März – Juni draußen mit 20 cm Reihenabstand säen, Saat gut feucht halten; Keimdauer bis zu 5 Wochen; Radieschen als Markiersaat beigeben; nach Aufgang auf 10 cm in der Reihe vereinzeln; **Boden:** locker, nährstoffreich, feucht; im Herbst mit ausgereiftem Kompost anreichern, dann keine Düngung nötig; **Pflege:** gleichmäßig leicht feucht halten, bei Bedarf organisch düngen; **Ernte:** 8–10 Wochen nach Aussaat, bei Märzsaat ab Juni; Blätter fortlaufend ernten, bis kurz vor der Blüte im Folgejahr

Expertentipp
Petersilie ist selbstunverträglich: nicht jedes Jahr am selben Platz säen.

Gestaltung mit Bauerngartenflair

Kurzinformation

Blumen für den Bauerngarten

Sommerblumen:
Stockrose (Alcea), Ringelblume (Calendula), Bartnelke (Dianthus), Fingerhut (Digitalis), Sonnenblume (Helianthus), Strohblume (Helichrysum), Bechermalve (Lavatera), Levkoje (Matthiola), Studentenblume (Tagetes), Kapuzinerkresse (Tropaeolum), Zinnie (Zinnia)

Zwiebel- und Knollenblumen:
Knollenbegonie (Begonia), Dahlie (Dahlia), Kaiserkrone (Fritillaria), Gladiole (Gladiolus), Lilien (Lilium), Narzisse (Narcissus), Tulpe (Tulipa)

Stauden:
Schafgarbe (Achillea), Akelei (Aquilegia), Herbstaster (Aster), Gartenchrysantheme (Chrysanthemum, Dendranthema), Rittersporn (Delphinium), Tränendes Herz (Dicentra), Gemswurz (Doronicum), Lupine (Lupinus), Nachtkerze (Oenothera), Mohn (Papaver), Pfingstrose (Paeonia), Flammenblume (Phlox)

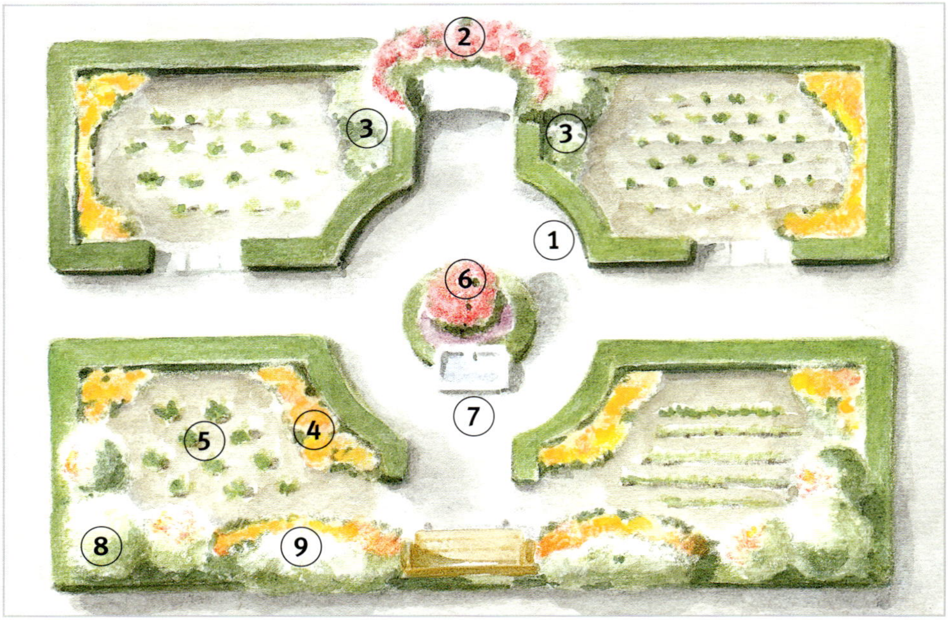

Bauerngärtchen als Modell

Dieser Grundriss eines etwa 70 m^2 großen Gartens zeigt alle klassischen Bauerngartenelemente: eine formale Gliederung mit Wegkreuz, niedrige Buchshecken als Einfassung (1), Kombination von Kräutern (3), Blumen (4) und Gemüse (5) in den Beeten. Den Haupteingang überspannt ein Kletterrosenbogen (2), das Wegkreuz ziert ein Rondell mit Hochstammrose (6), unterpflanzt mit Lavendel. An dieser zentralen Stelle sind auch Brunnen (7) oder Zapfstelle gut platziert. An der Rückseite oder Grundstücksgrenze stehen Johannisbeer- und Stachelbeerstämmchen (8), die Sitzbank säumen Pfeifensträucher (9), auch Bauernjasmin genannt.
Mit solch einer Gestaltung lässt sich der Gemüseteil des Gartens zu einem wahren Schmuckstück machen, man kann die Beete aber auch nur mit Sommerblumen oder Stauden bepflanzen. Ebenso ist es möglich, das Grundprinzip auf bescheidenere Flächen zu übertragen: durch kleinere Beet- und Wegflächen oder durch Beschränkung auf zwei Beete. Als Wegbelag passt Kies gut. Arbeit sparender ist jedoch Rindenmulch, der – regelmäßig erneuert – Unkrautwuchs einigermaßen unterdrückt.

Bewährte Pflanzen-Klassiker prägen das Bild des Bauerngartens. Exotische Neuzüchtungen wirken hier nicht so recht überzeugend.

Durcheinander mit Linie
Das Bestechende am Bauerngarten ist die Verbindung von klarer Gliederung mit bunter Vielfalt. Das reicht bis ins Gemüsebeet, in dem die Mischkulturpflanzung erste Wahl ist. Verschiedene Salate, Zwiebeln und Rote Bete wachsen hier in gedeihlicher Nachbarschaft. Schädlinge und Krankheiten werden sich in so einem Beet weniger ausbreiten als in Kopfsalat-Monokultur. Zusätzlich können aromatische Kräuter in Reihen oder an den Beeträndern schützen. Und die rotblättrigen Salatsorten bieten nicht nur Abwechslung fürs Auge, sondern auch für den Gaumen.

Klein, aber fein
Buchs, Blumen und Gemüse im selben Beet, typische Pflanzen wie Dahlien und Sonnenblumen – das reicht schon, um auch auf begrenztem Raum Bauerngartenflair zu schaffen. Bei großer Fläche und mehreren Beeten ist jedoch ein Hauptweg von 80–120 cm empfehlenswert, um Transporte mit der Schubkarre, Abstellen von Säcken usw. zu erleichtern. Als grüne Beetumrandung dient der so genannte Einfassungsbuchs, eine besonders niedrige Form mit Namen 'Suffruticosa'. Er wird wenigstens einmal im Jahr geschnitten, was jederzeit möglich ist, von Frostperioden einmal abgesehen.

Rustikale Farbenspiele
»Bunt« darf man im Bauerngarten ruhig wörtlich nehmen. Starke Blau-Rot-Gelb-Kontraste machen sich immer gut, sanftere Töne dazwischen vermitteln und gleichen aus.
Ähnliche Vielfalt und natürlichen Charme findet man bei den englischen Bauerngarten-Verwandten, den Cottage-Gärten. Dort herrschen statt strenger Gliederung eher weiche, fließende Konturen vor. In solch einem Rahmen wirken auch zarte, pastellige Blütenkombinationen sehr schön oder vornehm-kühle Zusammenstellungen, die sich auf Blau, Violett, Weiß und Rosa beschränken.

Expertentipp
Ringelblumen und Tagetes passen gut ins Gemüsebeet.

Expertentipp
Alte und Englische Rosen bereichern jeden Cottage-Garten.

April

Recht viel Arbeit und noch mehr Vorfreude: Allen Wetterlaunen zum Trotz sind Grün und Blüten nicht mehr aufzuhalten.

Über die Wechselhaftigkeit des Aprilwetters braucht man nicht viele Worte zu verlieren – darüber gibt es spätestens seit dem Mittelalter eine Unzahl gereimter Sprüche. Warum das ein Thema vieler überlieferter Bauernregeln ist, versteht man beim Gärtnern besonders gut: Bei den zahlreichen Aktionen, die nun anstehen, ist Flexibilität je nach Wetterlage gefragt: Pflanzen oder abwarten, noch Winterschutz auflegen oder endgültig entfernen, gleich draußen säen oder lieber drinnen vorziehen? Es empfiehlt sich, häufig den Himmel zu beobachten und den Wetterbericht zu verfolgen.

Abwechslung ist Trumpf

Nach bäuerlicher Überlieferung klingt auch das Wort »Fruchtfolge«, doch das ist ein zeitlos wichtiges Thema. Grundsätzlich geht es darum, in einem Gemüsebeet nicht ständig dieselbe Art anzubauen. Man beginnt auf einem zuvor gut gedüngten Beet beispielsweise mit Kohl, der hohe Nährstoffansprüche hat. Darauf folgt im nächsten Jahr etwa Salat, dem eine Aufdüngung mit Kompost genügt. Im dritten Jahr stehen dort die ziemlich genügsamen Buschbohnen oder Erbsen. Nach deren Ernte erfolgt eine neue Grunddüngung, dann können wieder so genannte Starkzehrer wie Tomaten aufs Beet. Fruchtfolge verhindert einseitige Beanspruchung des Bodens und spart Dünger. Wenn man dann noch darauf achtet, eng verwandte Pflanzen wie Kohlarten nicht hintereinander anzubauen, beugt man auch Krankheiten vor.
Denn Schaderreger sind zum Teil auf bestimmte Pflanzengruppen spezialisiert und können sich bei Daueranbau gut vermehren und etablieren. Außerdem sind manche Pflanzen ausgesprochen selbstunverträglich, d. h. sie gedeihen sehr schlecht, wenn man sie immer wieder am gleichen Platz anbaut.
Im Allgemeinen ist es ratsam, Saat- und Pflanzort einer oft angebauten Art stets zu wechseln, selbst bei angeblich selbstverträglichen Pflanzen. Das empfiehlt sich nicht nur für Gemüse und Kräuter, sondern auch für Blumen und sogar Ziergehölze.

Die Blutjohannisbeere (Ribes sanguineum) lockt mit ihren roten Blütentrauben nicht nur Bienen an.

Pflanzenschutz

Kaum etwas kann das Gärtnern so verleiden wie Pflanzenschädlinge und Pflanzenkrankheiten. Man sollte auch nicht groß drum herum reden: Es gibt deren leider ziemlich viele und verschiedene, und in manchen Jahren treten sie – da witterungsabhängig – in höchst unerfreulichen Massen auf. Wer sich dann nicht mit größeren Schäden abfinden will, muss konkrete Bekämpfungsmaßnahmen ergreifen. Doch Vorbeugen ist in jedem Fall besser als Heilen, und dafür kann man eine ganze Menge tun.

Immunkräfte im Garten

Anfällig für Schädlinge und Krankheiten sind zuallererst Pflanzen, die am falschen Ort stehen. Geeignete Pflanzplätze oder umgekehrt die richtige Pflanzenwahl je nach Standort vermindert von vornherein den Befallsdruck.

➤ Wo bestimmte Krankheiten häufiger auftreten, empfiehlt sich die Verwendung resistenter, also nicht oder gering anfälliger Sorten. So gibt es beispielsweise mehltauresistente Rosen oder feuerbrandresistente Zwergmispelsorten.

➤ Wichtige Vorbeugemaßnahmen sind außerdem das Einhalten der optimalen Pflanzenabstände und das Beachten des Fruchtwechsels (siehe Seite 47).

➤ Ansonsten gilt: Je besser die Pflege, desto robuster die Pflanze. Dazu können im Fachhandel erhältliche Pflanzenstärkungsmittel und Gesteinsmehle beitragen. Auch regelmäßige Kompostgaben stärken die Abwehrkräfte.

➤ Natürliche Unterstützung bieten außerdem einige Gartenpflanzen, etwa Tagetes, die Nematoden (Bodenälchen) abtöten, oder intensiv duftende Kräuter wie Lavendel, die Schädlinge fern halten.

Ganz wichtige Helfer sind schließlich Insektenfresser wie Vögel, Marienkäfer und Florfliegen, die man fördern kann und sollte (siehe Seite 144–145). Ihre Anwesenheit setzt voraus, dass möglichst wenig Giftstoffe im Garten verwendet werden.

Wer schadet den Pflanzen?

Nun – manchmal ist es der Gartenbesitzer selbst. Pflegefehler oder unsachgemäßer Umgang mit Unkrautvernichtern können Symptome hervorrufen, die fälschlich für Krankheiten gehalten werden. Ähnlich kann man Schäden durch Frost, Wind/Zugluft oder extreme Hitze missdeuten. Ansonsten ärgern uns manchmal folgende Gruppen von Schaderregern:

➤ Viren und Bakterien

Zum Glück sind diese Krankheitserreger nicht allzu häufig, da sie nicht bekämpfbar sind. Kranke Pflanzen müssen daher schnellstens entfernt werden. Vorbeugung gegen Viren: Hygiene (Schnittwerkzeug säubern, frische Bindeschnur verwenden usw.) und Bekämpfung von Blattläusen, die Viren übertragen können.

Gefährlich ist der in manchen Obstbaugebieten verbreitete bakterielle Feuerbrand, der neben Kernobst auch manche Ziergehölze befällt; ganze Partien wirken wie versengt, die Triebspitzen krümmen sich hakenartig. Ein Auftreten dieser Krankheit muss beim zuständigen Pflanzenschutzamt gemeldet werden!

➤ Pilze

Die häufigsten Schadpilze sind auf Seite 51 beschrieben. Daneben gibt es einige, die auf bestimmte Pflanzen spezialisiert sind. Durch zurückhaltende Stickstoffdüngung und richtiges Gießen beugt man vielen Schadpilzen vor.

➤ Schädliche Tiere

Die Palette reicht von winzigen Insek-

Hungrige Helfer

Vögel können das einseitige Überhandnehmen von Schädlingen eindämmen.

Lavendel ist nicht nur ein attraktiver Rosenpartner, sondern vertreibt mit seinem Duft auch so manchen Schädling.

ten, die durch Saugen oder Fraß schaden, bis zu Wirbeltieren wie Wühlmäusen (siehe Seite 50).

Maßnahmen für den Ernstfall

Manche Schädlinge lassen sich gut durch so genannte mechanische Maßnahmen abwehren. Dazu gibt es käufliche Hilfsmittel wie Gemüseschutznetze, Leimringe gegen Obstbaumschädlinge oder Schneckenzäune. Erfolgreich ist oft auch schon das Ablesen von Schädlingen oder das Abschneiden befallener Triebe, bevor sich Lästlinge zu stark ausbreiten können. Wenn solche Methoden allein nicht greifen, findet man im Fachhandel zunehmend Pflanzenschutzmittel, die aus natürlichen Wirkstoffen gewonnen werden und oft recht umweltverträglich sind. Erscheint trotz alledem der Einsatz von Chemie unumgänglich, dann sollte man möglichst nützlingsschonende und bienenungefährliche Mittel verwenden. Vorteilhaft sind selektive Wirkstoffe, die nur einen ganz bestimmten Schädling treffen.

Für den Umgang mit Bekämpfungsmitteln, auch mit solchen auf pflanzlicher Basis, gilt:

- ➤ Gebrauchsanweisung und dort genannte Sicherheitsvorkehrungen genau befolgen.
- ➤ Pflanzenschutzmittel erst nach sicherer Identifikation der Schadursache einsetzen.
- ➤ Bei Gemüse und Obst müssen nach dem Spritzen oft Wartezeiten beachtet werden, bis unbedenklicher Verzehr wieder möglich ist.
- ➤ Pflanzenschutzmittel für Kinder unzugänglich aufbewahren.

Häufige Schädlinge und Krankheiten

	Beschreibung	Bekämpfung und Tipps
	**Blattläuse** 1–4 mm große, grüne oder schwarze Insekten, in Kolonien, vorwiegend an jungen Triebspitzen und Blattunterseiten sitzend und saugend; Blätter oft eingerollt und klebrig.	Bei Anfangsbefall mehrmals mit scharfem Wasserstrahl abspritzen oder mit Brennnesselauszug besprühen. Bei stärkerem Befall Schmierseifenlösung oder nützlingsschonende Präparate einsetzen.
	**Schmetterlingsraupen** 2–5 mm lang, grün, gelb, braun oder weiß; verursachen Blattfraß oder Einrollen der Blätter; häufig sind Raupen von Kohlweißling, Kohleule, Frostspanner, Schwammspinner, Apfel- und Rosenwickler.	Frühzeitiges, regelmäßiges Ablesen der Raupen reicht oft schon aus; bei starker Plage *Bacillus-thuringiensis*-Präparate spritzen. Gegen Frostspanner im Herbst Leimringe an Obstbäumen anbringen.
	**Schnecken** Hauptsächlich schaden die Nacktschnecken (Schnecken ohne Gehäuse), 3–15 cm lang. Starker Fraß v. a. an jungen Blättern, Trieben, Knospen. Oft an glänzenden Schleimspuren erkennbar; leben tagsüber versteckt.	Um die Beete Schneckenzäune aufstellen; Eigelege (kleine weiße Knäuel) im Boden aufsammeln; Schnecken morgens unter Brettern und großen Steinen absammeln; ungiftiges Schneckenkorn ausstreuen.
	**Wühlmäuse** Bis 20 cm große Nager, die ein verzweigtes unterirdisches Gangsystem anlegen; fressen v. a. Blumenzwiebeln und Wurzeln, oberirdische Teile welken ohne sichtbare Ursache.	Gänge regelmäßig zerstören. Kaiserkrone und Knoblauch sollen Wühlmäuse vertreiben, Erfahrungen jedoch unterschiedlich, auch mit käuflichen Vergrämungsmitteln. Notfalls Wühlmausfallen einsetzen.

Bei schwer zu bestimmenden Schadursachen sollte man sich an die regional zuständigen Pflanzenschutzdienste oder hilfsbereite Fachverkäufer wenden.

	Beschreibung	Bekämpfung und Tipps
	**Echter Mehltau** Schadpilz, bildet weißlichen, mehligen Belag auf Blattoberseiten, Blüten und Knospen. Belag leicht abwischbar, verfärbt sich mit der Zeit grau-braun. An zahlreichen Zier- und Nutzpflanzen, auch Gehölzen.	Vorbeugend resistente Sorten wählen, ausgewogene Düngung, nicht zu dicht pflanzen. Bei Befall kranke Teile entfernen, mit Schachtelhalmbrühe behandeln. Schwefel- oder Lecithin-Präparate spritzen.
	**Falscher Mehltau** Schadpilz, bildet grauen oder graubraunen Belag auf Blattunterseiten, oberseits gelbe Flecken. Blätter sterben bald ab. Tritt v. a. an Blumen, Salat, Spinat und Gurken auf.	Resistente Sorten wählen, ausgewogene Düngung, nicht zu dicht setzen, Pflanzen nicht zu feucht halten. Kranke Teile entfernen. Mehrmals mit Schachtelhalm- oder Knoblauchbrühe spritzen.
	**Grauschimmel** Schadpilz, bildet braungraue, schmierige Beläge auf Blättern und anderen Pflanzenteilen; tritt öfter nach Dauerregen auf, v. a. an Erdbeeren, Tomaten, Gurken, Blumen.	Besonders an verletzten, geschwächten Pflanzen; auf optimale Düngung achten, nicht zu dicht pflanzen. Bei Befall kranke Teile entfernen, Pflanzen trockener halten. Mit Knoblauchbrühe spritzen.
	**Wuchsstörungen** Kümmerwuchs, Stockung oder Welke ohne ersichtlichen Grund. Kann sehr verschiedene Ursachen haben: Verdichtung, Staunässe, Bodenpilze, Bakterien, Nematoden, Wühlmäuse.	Erde vorsichtig aufgraben, Boden und Wurzeln prüfen, nach Wühlmausgängen suchen. Wenn keine Ursache erkennbar, Beratung einholen. Kranke Exemplare entfernen, bei Neupflanzung Platz wechseln.

Gemüse und Blumen pflanzen

Kurzinformation

Pflanzkalender

frühe Pflanzung (ab Anfang März):
sommer- und herbstblühende Stauden; Blaukissen, Goldlack, Primeln, Steinkraut, Stiefmütterchen, Tausendschön, Vergissmeinnicht; Kopfsalat

Pflanzung ab Ende März bis April:
die meisten Gemüse, Löwenmäulchen, Ringelblumen

Pflanzung April bis Juni:
frühjahrsblühende Stauden, Kohlarten

Pflanzung erst ab Mitte/Ende Mai:
Bohnen, Brokkoli, Gurken, Kürbis, Paprika, Tomaten, Zucchini; die meisten Sommerblumen

Pflanzung im Sommer möglich:
Eissalat, Kohlrabi, Kopfsalat (Sommersorten), Lauch; Stauden im Pflanzcontainer

Pflanzung im Spätsommer/Herbst:
Endivie, Grünkohl, zweijährige Nelken, Stiefmütterchen, Stockmalve, Tausendschön, Vergissmeinnicht; sommer- und herbstblühende Stauden

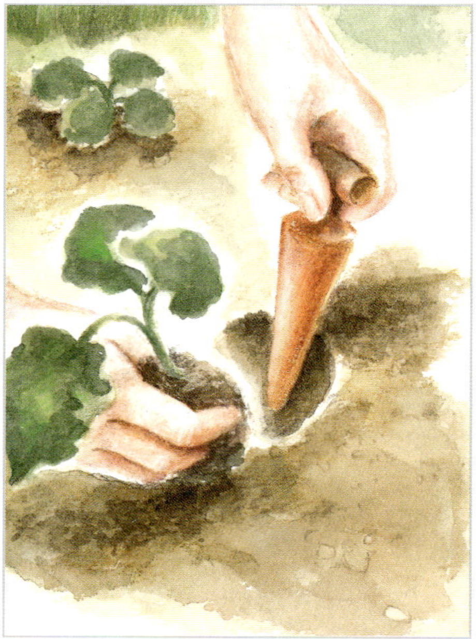

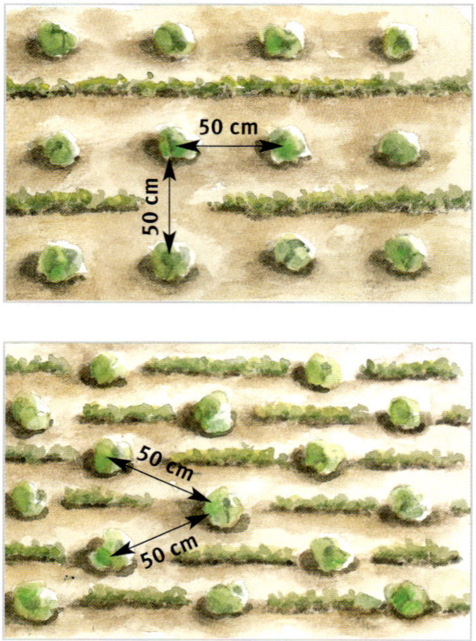

Pflanztechnik bei Gemüse

Das Pflanzloch muss so groß sein, dass die Wurzeln ohne Knicken und Quetschen hineinpassen. Der Setzling sollte so tief sitzen wie vorher in Topf oder Anzuchtkiste. Da sich die Erde hinterher noch etwas setzt, Pflanze beim Einfüllen etwas höher anhalten. Besonders Salat darf nicht zu tief sitzen, damit die Herzblätter nicht faulen. Praktisch ist ein Pflanzholz, mit dem man die Löcher sticht und nach dem Einsetzen gleich die Erde seitlich an die Wurzel drückt. Nach dem Auffüllen gründlich angießen.

Platz sparende Verbundpflanzung

Viele Gemüse gedeihen nur bei Pflanzweiten von wenigstens 30 cm gut, Tomaten und Kohl brauchen sogar 50–60 cm. Auf Beeten üblicher Größe bekommt man in parallelen Reihen nicht allzu viel unter (obere Abbildung). Bei der Verbundpflanzung (untere Abbildung) dagegen setzt man jeweils auf Mitte zur Nachbarreihe. So kann man die Pflanzreihen enger aneinanderrücken und die Abstände trotzdem einhalten. In beiden Fällen lässt sich die Fläche zusätzlich durch Zwischensaaten genügsamer, kurzlebiger Arten nutzen.

Im Haus vorgezogene Setzlinge sollte man vor dem Auspflanzen abhärten, indem man sie an frostfreien Tagen stundenweise nach draußen stellt.

Bepflanzung von Blumenbeeten
Verteilen Sie zunächst die Pflanzen, noch in Töpfen, so auf der Fläche, wie sie nachher gesetzt werden sollen. So erhält man schon einen optischen Eindruck und kann noch das eine oder andere zurechtrücken. Beachten Sie auch bei Stauden und Sommerblumen die nötigen Pflanzabstände. Sie liegen je nach späterer Größe zwischen 20–80 cm. Das sieht anfangs noch etwas spärlich aus, ändert sich aber schnell. Einseitig begrenzte Rabatten bepflanzt man am besten von hinten nach vorn, allseits zugängliche Beete von der Mitte nach außen. Ein Brett zum Auftreten und Hinknien mindert die Verdichtung des Bodens.

Stauden und Sommerblumen setzen
Um die Pflänzchen nicht zu verletzen, befreit man sie behutsam, ohne Ziehen und Zerren, aus ihrem Topf. Lösen Sie die Wurzeln rundum mit einem Messer von der Topfwand, falls der Ballen feststeckt. Verrottende Töpfe aus starker Pappe erhalten seitlich ein paar kräftige Einschnitte, damit das Wurzelwerk nicht in der Ausbreitung behindert wird. Trockene Erdballen vor dem Pflanzen anfeuchten. Das Einsetzen (untere Abbildung) geschieht im Prinzip wie bei Gemüse. Bei größerem Wurzelballen ist die Pflanzschaufel praktischer als ein Setzholz. Auch hier die Pflanzen nicht tiefer setzen, als sie vorher im Topf standen.

Nach dem Einsetzen
Bei größeren Pflanzlöchern kann man der Erde gut ausgereiften Kompost untermischen, bevor man sie wieder auffüllt. Erde um den Wurzelhals andrücken, falls nötig, nochmals etwas Erde auffüllen. Wenn sich in tiefen Mulden direkt an der Stängelbasis Wasser sammelt, kann es zu Fäulnis kommen. Gründliche Durchfeuchtung ist jedoch nach dem Pflanzen ebenso angesagt wie beim Gemüse. Wo der Boden während des Pflanzens betreten wurde, lockert man mit einem Hand-Kultivator auf. Nachdem die Pflanzen gut angewachsen sind, ist es günstig, die Zwischenräume mit Mulch oder Kompost zu bedecken.

Querverweise
Sträucher und Bäume pflanzen
Seite 124–125

Frühlingsblumen

Frühjahrsblühende Sommerblumen

Name	Höhe	Blütenfarbe Blütezeit
Tausendschön *(Bellis perennis)*	10–20 cm	rosa, weiß, rot April– Juni
Goldlack *(Cheiranthus cheiri)*	25–60 cm	gelb, orange April–Juni

Frühjahrsblühende Stauden

Name	Höhe	Blütenfarbe Blütezeit
Steinkraut *(Alyssum-*Arten)	10–30 cm	gelb April–Juni
Gänsekresse *(Arabis caucasica)*	10–20 cm	weiß, rosa April–Mai
Tränendes Herz *(Dicentra spectabilis)*	50–80 cm	rosa, weiß April–Juni
Gemswurz *(Doronicum orientale)*	30–60 cm	gelb April–Mai
Wolfsmilch *(Euphorbia-*Arten)	20–50 cm	gelb, rot April–Juni
Schleifenblume *(Iberis saxatilis)*	5–10 cm	weiß April–Juni
Polsterphlox *(Phlox subulata)*	10–15 cm	rosa, violett, weiß April–Mai
Kugelprimel *(Primula denticulata)*	30–40 cm	rosa, lila, weiß März–Mai
Gartenprimel *(Primula-Elatior-*Hybriden)	25–30 cm	viele Farbtöne März–April
Teppichprimel *(Primula juliae)*	5–10 cm	violett, rot März–Mai
Rosenprimel *(Primula rosea)*	10–20 cm	rosa März–April
Lungenkraut *(Pulmonaria angustifolia)*	20–30 cm	blau April–Mai
Küchenschelle *(Pulsatilla vulgaris)*	20–25 cm	violett, rot April–Mai
Duftveilchen *(Viola odorata)*	10–15 cm	dunkelviolett März–April

Blaukissen

Aubrieta-Hybriden

Höhe: 10–15 cm; Polster bildend

Blütezeit: April – Mai

Staude

➤ **lebhaft blühender Teppich**

Blüten: blau, violett, rosa oder rot, in kleinen lockeren Trauben; **Boden:** normaler Gartenboden, auch kalkhaltiger und steiniger Standort; **Pflege:** im Herbst oder zeitigen Frühjahr mit Kompost versorgen; nach der Blüte Triebe um etwa ein Drittel einkürzen; in kalten Wintern mit Nadelreisig schützen; gelegentliches Teilen und Umpflanzen fördert die Blüte; **Gestaltung:** für Steingärten und als Beeteinfassung geeignet; wirkt besonders schön, wenn die Polster herabwallen, etwa von Mauerkronen

Bergenie

Bergenia cordifolia

Höhe: 30–50 cm; dicht buschig

Blütezeit: März – April

immergrüne Staude

➤ **robust und vielseitig einsetzbar**

Blüten: rosa Blütenglöckchen in großen Trugdolden, Hybriden auch rot und weiß; **Boden:** jeder normale Gartenboden; **Pflege:** verwelkte Blätter entfernen, gelegentlich etwas Kompost geben; **Gestaltung:** für Beete, Steingärten, Trockenmauern; als Unterpflanzung von Gehölzen, auch an Teichufern, kleinere Sorten auch in Töpfen; durch die immergrünen, bei manchen Sorten dunkelroten Blätter eine Zierde rund ums Jahr

Gute Partner

Gänsekresse, Schleifenblume, Steinkraut, Zwergglockenblume

Expertentipp

Können nach der Blüte leicht geteilt und neu verpflanzt werden.

Zweijahrsblumen und frühe Stauden überbrücken die Zeit zwischen den ersten Frühlingsboten und dem Sommerflor.

Vergissmeinnicht

Myosotis sylvatica

Höhe/Breite: 15–25 cm; buschig

Blütezeit: April – Juni

zweijährig gezogene Staude

➤ **sät sich selbst aus**

Blüten: dichte Trauben mit vielen kleinen Blüten, in allen Blautönen, Rosa und Weiß; **Boden:** humos, nährstoffreich; **Pflege:** im Juli vorziehen, im Herbst (Winterschutz) oder Frühjahr pflanzen; an warmen Tagen reichlich gießen, alle 3–4 Wochen düngen; **Gestaltung:** in kleinen Gruppen in Beete und Rabatten setzen; blaue Sorten bilden einen hübschen Kontrast zu weißen, gelben und roten Frühjahrsblühern; lockert die straffen Formen von Zwiebelblumen auf

Kissenprimel

Primula vulgaris

Höhe: 5–10 cm; kissenartig

Blütezeit: März – Mai

Staude, oft einjährig gezogen

➤ **häufig in bunten Mischungen**

Blüten: alle Farben außer Blau, auch mehrfarbig; tellerförmig in Dolden; **Boden:** humos, durchlässig, nährstoffreich, feucht; **Pflege:** können ab März blühend gekauft und gepflanzt werden; gleichmäßig leicht feucht halten, nicht auf die Blüten gießen; **Gestaltung:** vielfältige Verwendungsmöglichkeiten, in Beeten, Rabatten, Steingärten, in Pflanzgefäßen; auch als Dauerunterpflanzung von Gehölzen

Stiefmütterchen

Viola x wittrockiana

Höhe: 15–25 cm; buschig, kompakt

Blütezeit: März – Juni (auch Herbst)

zweijährige Sommerblume

➤ **zahlreiche Sorten**

Blüten: alle Farben, auch mehrfarbig, Samen meist in Farbmischungen angeboten; klein- oder großblumig; **Boden:** humos, nährstoffreich, feucht; **Pflege:** im Juni/Juli vorziehen, im Herbst (Winterschutz) oder Frühjahr pflanzen; an warmen Tagen reichlich gießen, zu Blühbeginn düngen, ein- bis zweimal nachdüngen; Verblühtes entfernen; **Gestaltung:** schön in kleinen und größeren Gruppen mit verschiedenen Blütenfarben; die häufig angebotenen Farbmischungen wirken in Schalen sehr schön

Gute Partner

Goldlack, Narzissen, Stiefmütterchen, Tulpen

Gute Nachbarn

Farblich abgestimmte Tulpen, Narzissen oder Hyazinthen

Querverweise

Frühjahrspracht aus Zwiebeln und Knollen Seite 28–29

Im Frühling blühende Gehölze

Zierquitte

Chaenomeles-Arten
Höhe/Breite: 1–3 m/1–3 m
Blütezeit: März – Mai
sommergrüner Strauch

➤ duftende, essbare Früchte

Blüten: leuchtend rosa bis dunkelrot oder weiß, schalenförmig, zahlreich in Büscheln; **Boden:** humos, nicht zu trocken, sauer bis neutral; **Pflege:** in den ersten Standjahren mit Winterschutz versehen; bei dichtem Wuchs ältere Äste nach der Blüte bodennah wegschneiden; **Gestaltung:** gut geeignet für Gruppenpflanzungen und niedrige, frei wachsende Hecken, aber auch für Einzelstellung; zusätzliche Zierde: die gelblichen Apfelfrüchte, die im Sommer erscheinen

Forsythie

Forsythia x *intermedia*
Höhe/Breite: 2–3 m/2–3 m
Blütezeit: März – April
sommergrüner Strauch

➤ goldgelber Blütenzauber

Blüten: zahlreiche gelbe Blütenglöckchen, erscheinen vor dem Laubaustrieb; **Boden:** jeder normale Gartenboden; **Pflege:** etwa alle 3–4 Jahre nach der Blüte auslichten, alte und störende Äste in Bodennähe entfernen; verträgt auch kräftigen Verjüngungsschnitt; **Gestaltung:** hübsch als Solitärgehölz oder in Gruppen mit anderen Blütengehölzen, auf dem Rasen und in Beeten; im Winter kann man Zweige für die Vase schneiden; erst kühl (12–15 °C), nach dem Knospen wärmer stellen

Sternmagnolie

Magnolia stellata
Höhe/Breite: 1,5–2 m/1,5–2 m
Blütezeit: März – April
sommergrüner Strauch

➤ zarter Blütenduft

Blüten: sternförmig, schneeweiß, erscheinen vor den Blättern; **Boden:** humos, durchlässig, sauer bis neutral; **Pflege:** Blüte mit Säcken oder Leintüchern vor Spätfrösten schützen; mäßig feucht halten, bei Sommertrockenheit gründlich gießen; Schnitt kaum erforderlich; **Gestaltung:** als frei stehendes Gehölz auf Rasenflächen oder vor immergrünen Hecken ein attraktiver Blickfang; eignet sich besonders für kleine Gärten

Gute Partner
Blutjohannisbeere, Zierquitte, Zwiebelblumen

Expertentipp
Die Tulpenmagnolie (M. x soulangiana) wird 4–6 m hoch und breit.

Zeitig blühende Sträucher gehören zum unentbehrlichen Garten-Repertoire. Weitere schöne Frühblüher sind Ranunkelstrauch und Felsenbirne.

Japanische Zierkirsche

Prunus subhirtella
Höhe/Breite: 3–6 m, je nach Sorte
Blütezeit: März – April
großer Strauch oder kleiner Baum

➤ **gelborange Herbstfärbung**

Blüten: je nach Sorte weiß oder rosa, einfach oder gefüllt, teilweise duftend; **Boden:** humos, durchlässig, nicht zu trocken; **Pflege:** gelegentlich dicht stehende Zweige auslichten; bei veredelten Sorten regelmäßig Wildtriebe entfernen; **Gestaltung:** schönes Solitärgehölz auf Rasen oder vor Hecken; Sorten der eng verwandten *P. serrulata* werden meist noch etwas größer und blühen teils erst im Mai; wie bei Forsythien kann man ab Dezember Zweige für die Vase schneiden, die drinnen aufblühen

Blutjohannisbeere

Ribes sanguineum
Höhe/Breite: 1,5–2 m/1,5 m
Blütezeit: April – Mai
sommergrüner Strauch

➤ **empfindlich gegen Trockenheit**

Blüten: kräftig rot, in hängenden Trauben; **Boden:** gut durchlässig, frisch bis feucht; **Pflege:** mäßig feucht, aber nicht nass halten, bei Frühjahrs- und Sommertrockenheit durchdringend gießen; ansonsten sehr anspruchslos; alle 3 Jahre im Februar oder März auslichten; **Gestaltung:** passt gut in frei wachsende Blütenhecken, wird gern mit Forsythien kombiniert; das Laub duftet angenehm, die schwarzen Beeren sind nicht zum Verzehr geeignet

Flieder

Syringa-Vulgaris-Hybriden
Höhe/Breite: 4–6 m/3–5 m
Blütezeit: Mai – Juni
großer Strauch oder kleiner Baum

➤ **duftende Blüten**

Blüten: rosa, rot, lila, weiß, auch gelb, 10–20 cm lange Rispen, Einzelblütchen gefüllt oder ungefüllt; **Boden:** humos, nicht zu trocken, nährstoffreich, auch kalkhaltig. **Pflege:** veredelte Sorten so pflanzen, dass die verdickte Veredlungsstelle 20 cm tief unter die Erdoberfläche kommt; Wildtriebe und Ausläufer regelmäßig entfernen; ältere Sträucher jährlich im Februar/März auslichten; verblühte Rispen abschneiden; **Gestaltung:** schön als dominanter Strauch oder kleiner Hausbaum; auch für Blütenhecken geeignet

Querverweise
Gestalten mit Frühblühern Seite 20–21

Arbeitskalender März/April

März

Allgemeine Gartenarbeiten

Vor Frostnächten sind Winterschutzabdeckungen (Reisig, Säcke, Vlies) bei empfindlichen Pflanzen immer noch nötig. Bei allen Boden- und Kompostarbeiten nach Schneckeneiern (kleine weiße Knäuel) Ausschau halten und diese vernichten. Noch fehlendes Saat- und Pflanzgut besorgen, wenn nötig, Gartengerät ergänzen. Gehölze, Stauden sowie überwinterte Zweijahrsblumen und Gemüse düngen.

Arbeiten im Blumen- und Staudengarten

Herbstpflanzungen kontrollieren, hochgefrorene Stauden andrücken. Stauden zurückschneiden, wenn nicht im Herbst geschehen, Abgestorbenes entfernen. Einjährige Sommerblumen vorziehen. Bei trockenem Wetter Beete lockern und einebnen, Unkrautwurzeln auslesen. Sommer- und herbstblühende Stauden sowie zweijährige Blumen pflanzen.

Arbeiten im Gemüse- und Kräutergarten

Bei trockenem Wetter Beete mit Hacke, Kultivator und Rechen vorbereiten, Unkrautwurzeln entfernen. Gemüse und Kräuter vorziehen. Kopfsalat in Gewächshaus oder mit Folienschutz pflanzen, Zwiebeln stecken. Frühe Freilandsaaten: Spinat, Dicke Bohnen (Puffbohnen), Möhren, Erbsen, Radieschen, Rettich, Schnittsalat, Kresse.

Arbeiten an Zier- und Obstgehölzen

Immergrüne Gehölze nach längerer Trockenheit gießen. Pflanzplätze für Gehölze gründlich lockern. Ziergehölze und Beerensträucher pflanzen, mit Rosen und anderen empfindlichen Arten bei Kälte noch abwarten. Gegen Ende März, wenn die stärksten Fröste vorbei sind, Rosen abhäufeln und zurückschneiden.

Wenn es terminlich eng wird, kann man Gehölze und Stauden als Containerpflanzen auch später setzen oder notfalls bis zum Herbst warten.

April

Allgemeine Gartenarbeiten

Dicke Winterschutzpackungen entfernen, aber für frostempfindliche Pflanzen Abdeckmaterial bereithalten. Schneckeneier und Schnecken aufsammeln. Erste Unkräuter gründlich jäten. Bei Wärme und Trockenheit wässern. Vor allem Saaten und Neupflanzungen regelmäßig gießen, mit Netzen vor Vögeln schützen. Je nach Witterung Ende April erster Rasenschnitt.

Arbeiten im Blumen- und Staudengarten

Einjährige Sommerblumen vorziehen, erste Saaten pikieren. Noch ausstehende Beete und Rabatten lockern, aufgelaufene Unkräuter entfernen. Ringelblumen und Kornblumen können direkt ins Beet gesät werden. Neue Stauden pflanzen, ältere Exemplare teilen.

Arbeiten im Gemüse- und Kräutergarten

Restliche Beete vorbereiten, aufgelaufene Unkräuter jäten. Späte Gemüse vorziehen oder nach Pflanzen umsehen. Robuste Gemüse und Kräuter draußen säen. Hauptpflanzzeit für die meisten Gemüse und Kräuter. Erste Saaten ausdünnen, falls nötig.

Arbeiten an Zier- und Obstgehölzen

Immergrüne Laub- und Nadelgehölze, Rosen, Kiwi, Weinrebe pflanzen. Auch andere Gehölze können als ballierte Ware noch gesetzt werden; ballenlose Gehölze sind schon kritisch, falls Austrieb beginnt. Mulchdecken unter Obstbäumen für bessere Bodenabstrahlung entfernen, das vermindert die Spätfrostgefahr.

Hochsaison im Garten

Hochsaison im Garten

Mai

Das Prädikat »Wonnemonat« hat sich der Mai redlich verdient. Die langjährige Wetterstatistik verheißt viel Gutes – aber auch Ausreißer.

Spätestens jetzt fängt das Gartenjahr an, richtig Spaß zu machen. Überall beginnt es zu blühen, sonnige Tage locken immer häufiger nach draußen, wo man vielleicht schon die ersten Salate und Radieschen ernten kann. Die Frühsommerfreude darf man sich auch von einigen Unannehmlichkeiten nicht vermiesen lassen. Aber Schädlinge und Unkräuter verlangen jetzt erhöhte Aufmerksamkeit und entsprechendes Gegensteuern. Zudem kann es noch zu Nachtfrösten kommen.

Die eisigen Heiligen

Die Tage vom 12. bis 15. Mai sind im Kirchenkalender den Heiligen Pankratius, Servatius, Bonifatius und Sophia gewidmet. Sie kamen als »Eisheilige« zu zweifelhaftem Ruhm, weil sich um diese Zeit noch im letzten Jahrhundert sehr häufig Spätfröste einstellten. Nach der Wetterstatistik ist das heute – je nach Region – eher selten der Fall. Oft überwiegen Mitte Mai sogar sommerliche Temperaturen. Doch bald darauf wird es oft noch einmal nass und kühl. Gerade empfindliche Pflanzen, die durch warme Frühlingstage »verwöhnt« sind, können durch Kälte oder gar nächtliche Fröste schwere Schäden erleiden. Deshalb setzt man die meisten Sommerblumen und wärmebedürftige Gemüse wie Tomaten erst nach Mitte Mai ins Freie. Wer es früher wagt, kann Glück haben – ein Risiko besteht aber immer.

Die Sache mit dem Mulchen

Das Bedecken freier Bodenflächen mit organischem Material, z. B. Rasenschnitt, hat viele Vorzüge: Mulch unterdrückt Unkrautwuchs, bewahrt die Bodenfeuchtigkeit und sorgt für Humusnachlieferung (zur Praxis siehe Seite 78–79). Doch im April und Mai sollte man damit noch etwas zurückhaltend umgehen. Zum einen begünstigt eine Mulchschicht die zu der Zeit sehr aktiven Schnecken. Zum andern kann sich unbedeckter Boden tagsüber besser erwärmen und strahlt dann nachts Wärme in die darüber liegende Luftschicht ab. Das kann so manche Blüte, z. B. von Obstbäumen, vor Spätfrostschäden bewahren.

Obstblüten versprechen nun reiche Ernte im Herbst – hoffentlich bleiben sie von Spätfrösten verschont.

Der Rasen im Blickpunkt

Der beste Termin für eine Rasenneueinsaat oder eine Rasenausbesserung liegt zwischen Ende April und Mitte Juni. In dieser Zeit ist es in der Regel nicht zu heiß und trocken, doch warm genug, um das Keimen der Gräser zu fördern. Hochsommertage eignen sich dagegen nicht; erst ab Ende August beginnt die nächste günstige Säzeit. Bei Septembersaat entwickeln sich die Gräser jedoch bis zum Winter nicht immer so gut, dass sie jeden Frost wegstecken.

Rasen neu anlegen

Der erste Schritt zum neuen Rasen besteht in der Auswahl einer geeigneten Grassamenmischung. Je nach Nutzung unterscheidet man zwischen

➤ Zierrasen
➤ Gebrauchsrasen
➤ Strapazierrasen (Spielrasen)

Der Zierrasen bietet das attraktivste Grün, allerdings nur bei hohem Pflegeaufwand und nicht zu häufigem Betreten. Meist empfehlen sich die robusteren Gebrauchsrasen-Mischungen. Häufige Ballspiele von Kindern oder Gartenfeste mit vielen Gästen verkraftet jedoch der Strapazierrasen am besten.

➤ Mit der Bodenvorbereitung beginnt man am besten bereits im zeitigen Frühjahr oder im Herbst zuvor. Alte Grasnarben oder Wildbewuchs müssen abgeschält und kompostiert, der Boden tiefgründig gelockert (Spaten, Grabegabel) und sorgfältig von Unkrautwurzeln befreit werden. Dabei kann man die Erde auch gleich durch Zugabe von Sand oder Steinmehl verbessern und Dünger einarbeiten, wenn nötig (Bodenanalyse). Bis zur Einsaat auflaufende Unkräuter müssen regelmäßig entfernt werden. Die Feinbearbeitung – Hacken, Einebnen und Harken – wird erst 2–3 Wochen vor dem Säen ausgeführt, denn der Boden soll sich bis dahin noch etwas setzen.

➤ Für gleichmäßiges Säen empfiehlt sich ein Streuwagen. Die Samen harkt man etwas ein, danach werden sie mit einer Walze oder mit an den Füßen befestigten Brettern angedrückt.

➤ Vor allem in den ersten 4 Wochen nach der Saat muss die Erde stets gleichmäßig feucht gehalten werden.

➤ Die ersten Gräser spitzen schon nach 1–2 Wochen. Wenn sie etwa 8 cm hoch sind, mäht man sie in den ersten Wochen einmal wöchentlich auf 4 cm Schnitthöhe.
Erleichtert wird die Aussaat durch ein Rasen-Vlies, das man mitsamt den Grassamen ausrollt und verlegt. Nach Aufgang der Gräser verrottet das Vliesgewebe.

➤ Noch einfacher und schneller kommt man mit Fertig- oder Rollrasen zum eigenen Grün – allerdings ist diese Methode nicht gerade preiswert.

Bunte Vielfalt

An Stellen, die nur selten betreten werden, bereichert eine kleine Blumenwiese jeden Garten.

Rasenpflege rund ums Jahr

Je nach Witterung kann man eingewachsenen Rasen oft schon ab Mitte/Ende April mähen, muss dabei aber das Laub von Zwiebelblumen im Rasen schonen. Setzen Sie den ersten Schnitt nicht zu tief an; in Etappen geht's leichter, da die Grasnarbe oft noch recht feucht ist. Für den tadellos gepflegten Rasen wird dann ab Frühsommer wöchentlich wenigstens ein Schnitt fällig, der mit häufiger Beregnung und mehreren Düngergaben Hand in Hand gehen muss. Wer nicht so viel Aufwand betreiben und Wasser sparen will, lässt den Rasen an heißen Sommertagen etwas höher stehen, schneidet ihn nur auf 6–8 cm und bewahrt ihn so vor schnellem Austrocknen. Wenn man nicht ohnehin mit Grasfang mäht, sollte man bei feuchtem Wetter das Mähgut abrechen und

Solch ein sattgrüner Teppich verlangt schon etwas Aufwand – lohnt aber durch einen attraktiven Anblick.

als Mulch auf den Beeten verwenden. Mähen Sie auch beim letzten Schnitt im Herbst nicht zu tief, um ein Ausfrieren der Grasnarbe zu vermeiden. Es ist empfehlenswert, wenigstens alle 2 Jahre im Frühsommer einen Vertikutierer einzusetzen, den man sich unter Umständen auch in Fachgeschäften leihen kann. Vertikutieren beseitigt Grasfilz und Moos und fördert so das Wachstum. Danach kann man auch gleich eine Düngung mit Spezial-Rasendünger vornehmen; anschließend wird gründlich gewässert.

➤ Für effektives und Wasser sparendes Beregnen gilt: Nur morgens oder abends wässern, und das in größeren Abständen gründlich, statt täglich nur kurz den Sprenger anzustellen.

Wege zur Blumenwiese

Nicht jeder legt Wert auf makelloses Grün, viele finden auch am wiesenartigen Rasen mit Gänseblümchen und Löwenzahn Gefallen. Durch Pflanzinseln mit Wildstauden lässt sich so ein »halbwilder« Rasen verschönern und die Artenvielfalt vergrößern.

Mehr Umstände macht eine gesäte Blumenwiese mit Margeriten und Klatschmohn & Co., die zudem kaum betretbar ist. Sie entwickelt sich nur auf nährstoffarmem Boden wirklich gut, d. h. die vorgesehene Fläche sollte vor Aussaat ein, besser zwei Jahre nicht gedüngt und häufig gemäht werden. Manchmal muss man auch mehrmals Wiesenmischungen nachsäen, bis sich die gewünschte Blumenvielfalt etabliert hat. Die Blumenwiese wird erst im Juli gemäht, wenn nötig nochmals Ende September.

Gemüse pflegen

Kurzinformation

Geeignete Folien und Vliese

Lochfolie:
500–1000 Löcher pro m², Material: PE (Polyethylen)

Schlitzfolie:
ca. 30 000 dünne Schlitze pro m², dadurch gut dehnbar und »mitwachsend«, Material: PE

Faservlies:
gespinstartiges Kunststoffgewebe; leicht, stabil, gut wasser-, luft- und lichtdurchlässig

Mulchfolie:
schwarze PE-Folie, zur Bodenerwärmung und Unkrautunterdrückung

Stützen, Rankhilfen für Gemüse

Wellstäbe für Tomaten
Holzstangen: für Tomaten 1,5–1,8 m, für Bohnen 2,5–3 m lang
Tonkin- und Bambusstäbe
Maschendrahtgitter für Erbsen, Gurken, Kürbis
Laubholzreisig für Erbsen

Dichte Saaten ausdünnen

Nach dem Aufgehen der Saat stehen die Pflänzchen meist zu eng und müssen auf den nötigen Endabstand ausgedünnt werden. Dazu packt man die überzähligen Sämlinge am Wurzelhals und zieht sie vorsichtig heraus. Danach um die verbleibenden Pflanzen etwas Erde heranziehen und diese leicht andrücken. Bei sehr dicht stehenden Saaten macht man dies am besten in mehreren Etappen, wobei man immer wieder die schwächsten Sämlinge herauszieht.

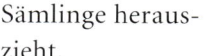

Kälteschutz für junge Pflanzen

Bis in den Mai hinein kann es nötig werden, Jungpflanzen in Kälteperioden abzudecken. Verwenden Sie nur eigens dafür ausgewiesene Loch- und Schlitzfolien oder Vliese, denn die Abdeckung muss Luft und Feuchtigkeit durchlassen. Folien oder Vliese fixiert man an den Beeträndern mit Steinen, Brettern oder Erde, wobei Lochfolie zum Gießen immer wieder abgenommen werden muss. Bei der Schlitzfolie dehnen sich die Schlitze mit zunehmendem Pflanzenwachstum; andere Abdeckungen müssen gelockert oder ganz entfernt werden.

Neben speziellen Pflegemaßnahmen und dem regelmäßigen Gießen, Hacken oder Mulchen ist häufiges Überprüfen auf Schädlinge sehr empfehlenswert.

Anhäufeln
Unter Anhäufeln versteht man das Heranziehen von gelockerter Erde an die Stängelbasis der Pflanzen. Das erhöht bei Tomaten, Gurken, Bohnen und Kohl die Standfestigkeit und fördert die Ausbildung zusätzlicher, dem Spross entspringender Wurzeln. Beim Lauch erhält man durch Anhäufeln schöne weiße Stangen, bei Möhren und Kartoffeln ist es nötig, damit sich das Erntegut nicht grün verfärbt. Das Anhäufeln führt man gleich beim Hacken durch, die von den Seiten beigezogene Erde danach etwas andrücken. Man beginnt damit, sobald die Jungpflanzen voll entwickelt sind, und wiederholt dies bei Bedarf mehrmals.

Stabtomaten aufleiten
Stützen für Tomaten werden am besten schon vor der Pflanzung in den Boden gerammt; beim späteren Einschlagen muss man sehr auf das Wurzelwerk aufpassen. Praktisch: spiralig gedrehte Wellstäbe, bei denen man den neuen Pflanzenzuwachs einfach in die nächste Windung legt. Es empfiehlt sich allerdings, die Triebe hier und da zusätzlich anzubinden.
Beim Anbinden von Pflanzen ist immer die Achterschleife empfehlenswert: Schnur um den Spross legen, zwischen Spross und Stab überkreuzen und schließlich auf der gegenüberliegenden Seite der Stütze verknoten – Schleife dabei nicht zu eng ziehen.

Tomaten ausgeizen
Aus den Verzweigungsstellen zwischen Hauptspross und Blattstielen wachsen schon bei jungen Tomatenpflanzen Seitentriebe, auch Achsel- oder Geiztriebe genannt.
Bei Stabtomaten ist dies nicht erwünscht, denn die wüchsigen Triebe konkurrieren schnell mit dem Haupttrieb und verzögern die Fruchtbildung und Fruchtreife.
Entfernen Sie deshalb die Geiztriebe frühzeitig und regelmäßig, indem Sie diese an der Ansatzstelle packen und mit vorsichtigem Ruck nach der Seite abbrechen. Auch ein sauberer Wegschnitt mit dem Messer ist möglich.

Expertentipp
Raue Bindeschnüre bieten den Trieben besseren Halt als Kunststoffbänder.

Querverweise
Pflegearbeiten im Sommer Seite 78–79

Sommerblumen-Klassiker

Beliebte Sommerblumen

Name	Höhe	Blütenfarbe Blütezeit
Leberbalsam *(Ageratum houstonianum)*	10–60 cm	blau, rosa, weiß Mai–Oktober
Löwenmäulchen *(Anthirrhinum majus)*	30–100 cm	viele Farbtöne Juni–September
Sommeraster *(Callistephus chinensis)*	20–100 cm	rot, rosa, blau, weiß Juli–Oktober
Kornblume *(Centaurea cyanus)*	40–90 cm	blau, rosa, weiß Mai–Juli
Schmuckkörbchen *(Cosmos bipinnatus)*	50–120 cm	rosa, rot, weiß Juli–Oktober
Sonnenblume *(Helianthus annuus)*	40–300 cm	gelb, orange Juli–Oktober
Vanilleblume *(Heliotropium arborescens)*	30–60 cm	violett, blau Juni–Oktober
Fleißige Lieschen *(Impatiens walleriana)*	20–60 cm	rosa, rot, weiß Juni–Oktober
Bechermalve *(Lavatera trimestris)*	50–120 cm	weiß, rosa Juli–Oktober
Duftsteinrich *(Lobularia maritima)*	10–30 cm	weiß, rosa Mai–September
Rudbeckie *(Rudbeckia hirta)*	40–100 cm	gelb, orange Juli–September
Feuersalbei *(Salvia splendens)*	20–50 cm	rot, violett, rosa Mai–Oktober
Kapuzinerkresse *(Tropaeolum-*Hybriden)	20–30 cm	viele Farbtöne Juli–Oktober
Verbene *(Verbena-*Hybriden)	20–50 cm	blau, rot, weiß Juni–Oktober
Zinnie *(Zinnia elegans)*	30–100 cm	viele Farbtöne Juli–September

Ringelblume

Calendula officinalis

Höhe: 20–60 cm; aufrecht, buschig

Blütezeit: Juni – Oktober

einjährige Sommerblume

➤ anspruchsloser, hübscher Blüher

Blüten: gelb, orange, oft mit dunkler Mitte; einfach oder gefüllt, bis 6 cm Ø; **Boden:** jeder normale Gartenboden; **Pflege:** im Februar/März vorziehen, ab April pflanzen oder April – Juni direkt ins Freie säen; bei Kompostversorgung keine Düngung nötig; regelmäßiges Entfernen von Verblühtem sorgt für Dauerflor; wenn Selbstaussaat gewünscht, Blüten stehen lassen; **Gestaltung:** attraktiv in Beeten mit roten, blauen und weißen Partnern; passt auch gut ins Gemüsebeet oder unter Obstbäume

Margerite, Wucherblume

Coleostephus, Hymenostemma

Höhe: 20–40 cm; buschig

Blütezeit: Mai – September/Oktober

einjährige Sommerblume

➤ lockert bunte Beete auf

Blüten: gelb *(Coleostephus multicaulis)*, weiß *(Hymenostemma paludosum)*; einfach oder gefüllt; **Boden:** humos, nicht zu trocken; **Pflege:** im März/April vorziehen, ab Mitte Mai pflanzen; gleichmäßig leicht feucht halten, alle 6–8 Wochen düngen; Verblühtes regelmäßig wegschneiden; *H. paludosum* nach dem ersten Flor zurückschneiden; **Gestaltung:** schön in Beeten oder als Blumeninseln im Rasen; werden teilweise noch unter dem alten botanischen Namen *Chrysanthemum* angeboten

Gute Partner

Lobelien, Nelken, Ringelblumen, Rosen, Tagetes, Verbenen

Aufgrund der intensiven Züchtung gibt es viele Arten in den unterschiedlichsten Blütenfarben, Blütenformen und Wuchshöhen.

Kaiserfnelke

Dianthus chinensis
Höhe: 20–40 cm; buschig, breit
Blütezeit: Juni – September
einjährige Sommerblume

➤ **gute Schnittblume**

Blüten: rosa, rot, violett, weiß, auch zweifarbig, oft in Farbmischungen angeboten; einfach oder gefüllt; **Boden:** nährstoffreich, durchlässig, kalkhaltig; **Pflege:** im März vorziehen, ab Mitte Mai pflanzen; gleichmäßig leicht feucht halten, nicht auf die Blüten gießen; alle 4–6 Wochen düngen; bei Blühpause Ende Juli zurückschneiden; **Gestaltung:** gruppenweise Pflanzung in Beeten, schön mit gelben Nachbarn; ähnlich, aber teils höher wachsend, sind Gartennelke *(D. caryophyllus)* und Bartnelke *(D. barbatus)*

Lobelie, Männertreu

Lobelia erinus
Höhe: 10–20 cm; buschig/liegend
Blütezeit: Mai – August
einjährig gezogene Staude

➤ **attraktive Beeteinfassung**

Blüten: blau, violett, rosa, teils mit weißem Auge; klein, sehr zahlreich; **Boden:** nährstoffreich, nicht zu trocken; **Pflege:** im März/April vorziehen, ab Mitte Mai pflanzen; gleichmäßig feucht halten, alle 4 Wochen schwach dosiert düngen; nach dem ersten Flor (Juli) um ein Drittel zurückschneiden; **Gestaltung:** lässt sich durch den buschigen bis niederliegenden Wuchs sehr schön als Unterpflanzung höherer Blumen einsetzen; auch hübsch als Abrundung der Beetränder

Tagetes, Studentenblume

Tagetes-Arten
Höhe: 20–120 cm
Blütezeit: Juli – Oktober
einjährige Sommerblume

➤ **sehr große Sortenvielfalt**

Blüten: von Gelb über Orange zu Rotbraun und Braun; groß- und kleinblütige, gefüllte und ungefüllte Sorten; **Boden:** humos, nicht zu trocken; **Pflege:** im Februar/März vorziehen, ab Mitte Mai pflanzen; gleichmäßig feucht halten, alle 4–6 Wochen düngen, niedrige Sorten seltener; Verblühtes entfernen; **Gestaltung:** niedrige Sorten, vor allem von *T. tenuifolia*, eignen sich gut als Einfassung; hohe *T. erecta* bilden einen leuchtenden Beethintergrund

Gute Partner
gelbe Gartennelken, Glockenblumen, Margeriten, Tagetes

Gute Partner
Feuersalbei, Schmuckkörbchen, Vanilleblumen, Verbenen, Zinnien

Frucht- und Hülsengemüse

Gurke

Cucumis sativus
Pflanzabstand: 120 x 30 cm
Erntezeit: Juli – September
Fruchtgemüse

➤ **auf bitterfreie Sorten achten**

Anbau: im April in Töpfen vorziehen und Ende Mai pflanzen oder ab Mitte Mai direkt ins Freie säen und später vereinzeln; Salatgurken brauchen mehr Abstand (100 x 100 cm) als Einlegegurken; **Boden:** humos, nährstoffreich, kein allzu tonhaltiger Boden; **Pflege:** am besten an Drahtgittern oder Schnüren hochziehen; gleichmäßig feucht halten, mulchen; alle 4 Wochen organischen Dünger geben; **Ernte:** ab Juli immer wieder durchpflücken; Früchte nicht gelb werden lassen

Kürbis

Cucurbita maxima
Pflanzabstand: 2 m
Erntezeit: Oktober
Fruchtgemüse

➤ **der »Halloween«-Kürbis**

Anbau: im April in Töpfen vorziehen, nach Mitte Mai pflanzen oder ab Mitte Mai direkt ins Freie säen; nur kräftigste Sämlinge weiterkultivieren; **Boden:** humos, nährstoffreich; optimal ist eine Pflanzung direkt neben dem Komposthaufen; **Pflege:** gut mit Kompost versorgen, feucht halten, vor allem während der Fruchtentwicklung; Seitentriebe bei 60–100 cm kappen, um Fruchtansätze zu fördern; **Ernte:** möglichst spät, aber vor Frosteintritt; kleinere Gartenkürbisse *(C. pepo)* wie Zucchini fortlaufend ernten

Zucchini

Cucurbita pepo
Pflanzabstand: 80 x 80 cm
Erntezeit: Juli – September
Fruchtgemüse

➤ **meist genügen zwei Pflanzen**

Anbau: im April in Töpfen vorziehen, nach Mitte Mai pflanzen oder ab Mitte Mai direkt ins Freie säen; **Boden:** humos, nährstoffreich; **Pflege:** gleichmäßig feucht halten, mehrmals mit ausgereiftem Kompost versorgen; Mulchen sehr günstig; **Ernte:** oft schon 6 Wochen nach dem Pflanzen, Früchte nicht größer als 15–20 cm werden lassen; auch die Blüten sind essbar und eignen sich hervorragend als Dekoration von Salaten

Expertentipp

Selbstunverträglich, erst nach 3 Jahren wieder auf dasselbe Beet pflanzen.

Wärme liebende Spezialitäten wie Paprika und Aubergine lassen sich nur im Gewächshaus sicher ziehen. Sie werden ähnlich kultiviert wie Tomaten.

Tomate

Lycopersicon esculentum
Pflanzabstand: 50 x 70 cm
Erntezeit: Juli – Oktober
Fruchtgemüse

➤ alle grünen Teile sind giftig

Anbau: März/Anfang April vorziehen, in 10-cm-Töpfe pikieren; Mitte bis Ende Mai ins Freie setzen; Buschtomaten auf 60 x 80 cm, Stangentomaten auf 50 x 70 cm; **Boden:** humos, nährstoffreich; **Pflege:** hoch wachsende Sorten an Stab aufbinden; stets gut feucht halten, alle 4 Wochen düngen; bei Stabtomaten in den Blattachseln entstehende Triebe regelmäßig ausbrechen (ausgeizen), nach Bildung des fünften oder sechsten Blütenstands Spitze des Haupttriebs kappen; **Ernte:** vollreife Früchte fortlaufend pflücken

Buschbohne

Phaseolus vulgaris var. *nanus*
Pflanzabstand: 40 x 8 cm
Erntezeit: Juli – Oktober
Hülsenfrüchtler

➤ rohe Bohnen sind giftig

Anbau: Mitte April in Töpfen vorziehen, nach den Eisheiligen pflanzen oder Mai – Anfang Juli draußen säen, 2–3 cm tief; auch Horstsaat möglich: alle 40 cm 4–6 Körner auslegen; **Boden:** jeder Gartenboden, der nicht zu nass oder zu trocken ist; **Pflege:** bei Freilandsaat anfangs Schutzvlies auflegen; mäßig gießen, während der Blüte etwas mehr; häufig Erde lockern und Stängelbasis der Pflanzen anhäufeln; Kompost genügt, keine Stickstoffdüngung; **Ernte:** erste Bohnen ab Juli, fortlaufend pflücken

Erbse

Pisum sativum
Pflanzabstand: 40 x 5 cm
Erntezeit: Mai/Juni – August
Hülsenfrüchtler

➤ beliebt sind Zuckererbsen

Anbau: Aussaat Schalerbsen Ende März, Zucker- und Markerbsen ab Mitte April, Folgesaaten bis Anfang Juni; direkt ins Beet säen, 5 cm tief; **Boden:** humos, locker, nicht zu schwer und nass; **Pflege:** Saat mit Netzen vor Vogelfraß schützen; gleichmäßig feucht halten, Kompostdüngung genügt; bei 10 cm Wuchshöhe anhäufeln, hohe Sorten mit Reisig oder Maschendraht stützen; **Ernte:** etwa 10 Wochen fortlaufend nach der Aussaat; von Zucker- und Markerbsen nur ganz junge, zarte Hülsen ernten

Expertentipp
Standplatz jährlich wechseln, um Krautfäulegefahr zu mindern.

Expertentipp
Stangenbohnen tragen besser, brauchen aber mehr Platz.

Expertentipp
Noch früher, schon Anfang März, sät man die robusten Puffbohnen.

Gestalten mit Sommerblumen

Kurzinformation

Vielfältige Einsatzmöglichkeiten

Beetgestaltung:
- reine Sommerblumenbeete
- gemischte Stauden-Sommerblumen-Beete
- Gemüse- und Kräuterbeete mit Bauerngarten-Flair
- niedrige Sommerblumen als Beeteinfassung
- attraktive »Lückenfüller« in noch spärlichen Staudenbeeten und bei Ausfällen

Schöne Begleiter:
für Rosen, große Stauden, Gehölze; zweijährige, früh blühende Arten für Zwiebelblumen

In Töpfen und Kästen:
für Fenster, Balkon, Terrasse, Innenhof, Vorgarten, besondere Akzente im Garten

Zeitaufwand für Beetanlage

Planung und Bodenbearbeitung:
45–60 Minuten je m^2

Bepflanzung und Nachsorge:
30–40 Minuten je m^2

Sommerblumen als Rosenpartner

Die Abbildung zeigt eine schmale Rabatte links im Frühlings-, rechts im Sommeraspekt. Man kann sich beide Hälften also jeweils »spiegelbildlich verdoppelt« vorstellen. So ergibt sich dann auch erst die richtige Wirkung – durch schlichte Ausnutzung der Symmetrie. Hauptakteure sind 50–60 cm hohe Beetrosen, hier rosa (RR, z. B. Sorte 'Dolly') und gelb (RG, z. B. 'Friesia') gewählt. Sie sollten kräftige Farben haben, um sich später zwischen der Blumenpracht zu behaupten. Im Frühjahr setzen gelbe und violette Stiefmütterchen (1) Akzente, dazu Tuffs mit frühen Tulpen (2), begleitet von Goldlack und Vergissmeinnicht (3).

Man sollte die Fläche nicht zu dicht bepflanzen, um Pflegearbeiten an den Rosen und vor allem auch das Pflanzen der Sommerblüher ab Mitte Mai zu erleichtern.

Als erstes setzt man die weißen Bechermalven (4) als Rosenbegleiter. Einen wunderschönen Hintergrund geben die einjährigen, kletternden Glockenreben (5), davor gelbe Rudbeckien (6). Im Vordergrund untermalen Verbenen (7), Kaisernelken (8) und Margeriten (9) die Szenerie. Sie werden etwas später, nach dem Räumen der Frühjahrsblumen gepflanzt. Am Rand runden kleine Polster von Lobelien (10) und Duftsteinrich (11) die Bepflanzung ab.

Mit einjährigen Blumen können Beete jedes Jahr anders aussehen – das verlangt allerdings mehr Aufwand als eine Dauerbepflanzung.

Klassische Höhenstaffelung

Oft sind es ganz einfache Grundprinzipien, die Beetgestaltungen attraktiv machen. Hier sorgt zum einen der starke Gelb-Rot-Kontrast für Wirkung, zum andern das bewährte Motto: Die Großen nach hinten, die Kleinen nach vorn – eine Regel, die gerade für schmale Rabatten sehr empfehlenswert ist. Den hohen wie den niedrigen Part übernehmen hier verschiedene *Tagetes*-Sorten. Das Rot des Feuersalbeis im Beet wird durch die Pelargonien (»Geranien«) im Balkonkasten darüber wiederholt. Sommerblumen in Töpfen und Kästen können auch im Garten die Gestaltungsmöglichkeiten erweitern.

Großflächiges Blumenmeer

Auf größeren Beeten kann die Höhenstaffelung auch mal gewinnbringend missachtet werden. So entsteht gewissermaßen eine geschlossene Blütendecke. Die wirkt aber nur, wenn die einzelnen Arten in Gruppen von jeweils mindestens 10 Stück gepflanzt werden. Eine immer wieder beeindruckende Farbkombination bieten rote, gelbe und blaue Blüten. Das beruhigende Blau zwischen Zinnien und Kapuzinerkresse steuert hier eine seltener kultivierte Blume bei, die Jungfer im Grünen *(Nigella damascena)*. Diese Sommerblume mit ihrem naturnahen Charme wird im April direkt ins Beet gesät.

Die noble Variante

Ersetzt man im Farbdreiklang Blau-Rot-Gelb das Gelb durch Weiß, entsteht ein ganz anderer Eindruck. Weiß ist zurückhaltender, macht die Kombination »vornehmer«. Dazu passen schlanke Blütenkerzen etwa von Ziersalbei, denen klare Formen einfacher Strahlenblüten gegenüberstehen.

Die romantische Version

Rosa und Weiß (hier Zinnien, Levkojen, Schmuckkörbchen) vermitteln eine zarte, verspielte Stimmung. »Ton-in-Ton« nennt man die Gestaltung in einer Grundfarbe. Bei Einbeziehen z. B. nah verwandter Lilatöne entsteht ein so genannter Farbverlauf.

Querverweise
Sommerblumen-Klassiker Seite 68–69

Juni

Der Juni gehört zu den schönsten Gartenmonaten. Überall öffnen sich Blüten, es gibt schon allerhand zu ernten und oft spielt auch das Wetter mit.

Häufig beginnt der Juni so, wie es sich für den ersten Sommermonat gehört: warm und sonnig. Nicht selten wird es aber in der zweiten Woche nochmals kühl – die so genannte Schafskälte – und gegen Monatsende regnerisch. Das kann das üppige Pflanzenwachstum allerdings kaum aufhalten.

Der Rosenmonat

Im Juni rückt die »Königin der Blumen« in den Vordergrund, nun öffnen die meisten Rosen ihre ersten Blüten. Die beliebten Sträucher werden seit Jahrhunderten unter Einbeziehen der verschiedensten Wildarten gezüchtet. Entsprechend gibt es eine fast unüberschaubare Vielfalt an Formen und Blütenfarben.
Grundsätzlich unterscheidet man nach Wuchs und Verwendung: Edelrosen (Teehybriden), Beetrosen (Floribunda und Polyantha), Strauch-, Kletter-, Bodendecker-, Zwerg- und Hochstammrosen. Edelrosen, deren große Blüten meist einzeln an langen Stielen stehen, werden manchmal auch mit den Beetrosen zusammengefasst. Die modernen Rosensorten nennt man öfter blühend, denn sie öffnen ihre Blüten in kaum unterbrochenen Schüben bis in den Herbst hinein.

Wildrosen – natürlicher Charme

Eine besondere Gruppe sind die unveredelten Wildrosen, wie Apfel- oder Hundsrose, robuste, meist groß und recht breit werdende Sträucher. Sie blühen teilweise schon ab Mai, im Juni läuft ihre Blütezeit aber auch schon wieder ab. Dafür bringen sie dann zierende Hagebutten hervor, die bis zum Herbst haften bleiben.
Einige schöne Strauch- und Kletterrosensorten sind ihren wilden Vorfahren noch recht ähnlich, zeigen dasselbe Blühverhalten und werden als einmal blühende Rosen bezeichnet. Bei manchen Sorten kommt es nochmals zu einem Nachflor im Spätsommer.
Ähnlich verhält es sich bei vielen der so genannten Alten Rosen, die sehr edle Blüten haben, aber ansonsten noch Wildroseneigenschaften zeigen. Dazu gehören z. B. Moosrosen und Bourbonrosen.

Angesichts solcher Blüten kann man gut nachvollziehen, dass die Rose als »Königin der Blumen« gilt.

Gießen und Bewässern

Noch vor wenigen Jahrzehnten lief in fast jedem Garten allabendlich der Regner auf Hochtouren, benässte Rasen, Gemüse- und Blumenbeete, oft auch noch großzügig einen Teil der Straße. Dieses »Gießkannen-Prinzip« ist weitaus seltener geworden. Zum einen sicher wegen gestiegener Wasserpreise, zum andern denken heute viele Gartenbesitzer umweltbewusster. Nicht zuletzt bekommt ein gezieltes Wässern den meisten Pflanzen deutlich besser.

Regenwasser nutzen

Den Kalkgehalt harten Leitungswassers vertragen manche Gewächse gar nicht, und im Hochsommer kann das kühle Nass regelrechte Temperaturschocks verursachen, z. B. bei wärmebedürftigen Fruchtgemüsen.

Das weichere Regenwasser, in Sammeltonnen gut temperiert, kommt da dem sparsamen Gärtner wie den Pflanzen gerade recht. Für die Umleitung des Dachwassers über Fallrohre in Regentonnen gibt es ausgefeilte Vorrichtungen in Bau- und Gartenmärkten zu kaufen. Investiert man zusätzlich in eine Pumpe mit Verteiler, kann man das gesammelte Nass bequem mit dem Schlauch ausbringen.

➤ Da sich bei längerer Trockenheit auf dem Dach Ruß- und Schadstoffteilchen ansammeln können, lässt man danach die ersten Regengüsse besser ungenutzt ablaufen.

Gießen mit Bedacht

Einige bewährte Gießregeln sorgen für optimale Pflanzenpflege bei recht geringem Wasserverbrauch.

➤ An sonnigen Tagen sollten Sie auf keinen Fall tagsüber bei praller Mittagshitze gießen, sondern am besten frühmorgens oder abends.

➤ Abendliches Gießen hat allerdings den Nachteil, dass der Pflanzenbestand feucht in die kühlere Nacht geht. Das begünstigt Schneckenbefall und die Ausbreitung von Pilzkrankheiten.

➤ Schadpilzen beugt man am besten vor, indem man Blätter und Blüten möglichst wenig benetzt, d. h. die Pflanze nicht übersprüht, sondern direkt in den Wurzelbereich gießt. Dies sorgt vor allem auch dafür, dass das Nass schnell dahin gelangt, wo es gebraucht wird.

Nützliches Zubehör

Beim Umgang mit langen Schläuchen sind Schlauchführungsrollen äußerst praktisch.

➤ Die diffuse Verteilung eines Sprengers oder Regners empfiehlt sich nur für den Rasen.

➤ Gründlich und durchdringend gießen statt häufig ein paar Tröpfchen ist eine weitere wichtige Grundregel. Von sehr nässeempfindlichen Arten abgesehen, kann und sollte der Boden schon kräftig bis in tiefere Schichten durchfeuchtet sein. Dabei gießt man am besten in kurzem Abstand zweimal über die selbe Stelle, damit das Wasser zwischendurch einsickern kann. Dann hält die Feuchte aber auch meist ein paar Tage an, selbst wenn die Erdoberfläche trocken erscheint. Eine Fühlprobe mit der Hand gibt darüber Aufschluss.

➤ Gießmenge und -häufigkeit hängen natürlich stark von Wetter und Pflanzenart ab. Auch Jungpflanzen müssen häufiger gewässert werden als eingewachsene Exemplare. Nicht zuletzt spielen die Bodeneigenschaften (siehe auch Seite 36–37) eine große Rolle.

➤ »Einmal hacken spart zweimal gießen« lautet eine alte Gärtnerregel. Tatsächlich unterbricht man mit Hacke und Kultivator die feinen Haarröhrchen (Kapillaren) im Boden, über die das Nass verdunstet. Ein gut gelockerter Boden nimmt zudem das Regen- oder Gießwasser besser auf.

➤ Die Alternative zum Hacken ist das Mulchen, das Abdecken der Bodenoberfläche mit Rasenschnitt oder an-

Gut gewässert ist halb gepflegt – zielgerichtetes, bedarfsgerechtes Gießen fördert gesundes Wachstum und Blütenpracht.

deren Gartenabfällen. Eine genügend hohe Mulchschicht mindert selbst an heißen Sommertagen deutlich die Verdunstung über den Boden.

Was tun im Urlaub?

Gründliches Hacken, Gießen und Mulchen sind gerade vor einem Sommerurlaub sehr wichtig, um größeren Trockenschäden vorzubeugen. Wenn man sich mit hilfreichen Nachbarn oder Freunden abstimmen kann, ist die »Urlaubsvertretung« beim Gießen ohnehin kein Problem. Ansonsten findet man im Fachhandel automatische Bewässerungssysteme nicht nur für Topfpflanzen, sondern auch für Beete. Dabei führen Verteilerschläuche mit Tropfstellen an die einzelnen Pflanzen, oder zwischen den Reihen verlegte Tropfschläuche geben über kleine Löcher nach und nach Wasser ab. Zeitschaltuhr, Computer oder Feuchtefühler regeln die Wasserzufuhr ganz nach Bedarf.

Eine solche Anlage ist allerdings nicht unbedingt preiswert und sollte hin und wieder doch kontrolliert werden.

➤ Da es heikel sein kann, wenn bei längerer Abwesenheit der Leitungshahn aufgedreht bleibt, speist man eine solche Beregnungsanlage am besten aus einem großen Vorratsbehälter (Regentonne), wobei zusätzlich Pumpe und Schmutzfilter nötig werden.

➤ Unbedingt empfehlenswert ist ein mehrwöchiger Probelauf vor dem Urlaub. Düsen, Tropfer usw. sollten des Öfteren kontrolliert und wenn nötig gereinigt werden, da sie durch Schmutz und Kalkablagerungen verstopfen können.

Pflegearbeiten im Sommer

Kurzinformation

Geeignete Mulchmaterialien

Rasenschnitt
Blattabfälle (nur gesunde) von Gemüse und Blumen
Gehölzlaub
gehäckselter Baumschnitt
abgeerntete Gründüngung
Frischkompost (nicht für Jungpflanzen)
Rindenmulch (nicht für Jungpflanzen)
Rindenhumus
Stroh

Häufige Unkräuter

Hartnäckige Wurzelunkräuter:
Acker- und Zaunwinde
Brennnessel
Disteln
Giersch
Kriechender Hahnenfuß
Löwenzahn
Quecke

Stark aussamende Unkräuter:
Gänsefuß
Gemeines Knopfkraut
Melde
Vogelmiere
Wildgräser

Hacken und Lockern

Beseitigen von Unkraut, Lockern und Durchlüften des Bodens, Verbessern der Wasseraufnahme, Verringern der Verdunstung – das regelmäßige Hacken zwischen den Pflanzen dient gleich mehreren Zwecken und ist bei nicht gemulchter Fläche unentbehrlich. Wenn man nicht, wie im Bild gezeigt, von der Seite her hacken kann, arbeitet man »im Rückwärtsgang«, um gelockerte Stellen nicht gleich wieder zu betreten.

Mulchen

Die Vorteile des Mulchens wurden bereits erwähnt (siehe Seite 63). Vor dem Ausbringen des Mulchmaterials wird der Boden – außer bei Flachwurzlern wie Johannisbeeren – nochmals gehackt. Beim Verteilen zwischen jungen Gemüse- und Blumensetzlingen sollte man den Mulch nicht ganz bis an die Pflanzen heranziehen – etwa 8 cm Abstand halten. Vorsicht, Rindenmulch eignet sich für frisch gesetzte Pflanzen, auch für Junggehölze, nicht. Sein hoher Gerbsäuregehalt kann das Wachstum hemmen. Rasenschnitt nur dünn auftragen und öfter erneuern.

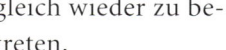

Neben Gießen und Rasenmähen fallen ab Frühsommer einige weitere Maßnahmen an, die zur regelmäßigen Pflege gehören.

Unkräuter entfernen

Am lästigsten sind tief wurzelnde Unkräuter, die sich teils sogar aus im Boden verbliebenen Teilstücken wieder regenerieren können. Hier kommt es besonders darauf an, die Wurzeln gründlich und möglichst restlos zu entfernen. Dabei erweist sich ein Unkrautstecher nicht nur im Rasen als nützlich. Ob nun jeder Löwenzahn gleich entfernt werden muss, ist Geschmacksache. Doch die Quecke z. B., ein Gras mit fleischigen, hellen unterirdischen Ausläufern, wird besser nicht lange geschont, sondern so früh und oft wie möglich entfernt.

Wildtriebe wegschneiden

Fast alle Gartenrosen sind auf eine Wildrosenunterlage veredelt. Aus dieser treiben öfter – teils schon im Mai – Wildlingstriebe aus, die man am helleren Grün und den kleineren Blättern erkennt. Oft haben sie 7–9 Fiederblättchen, während die Blätter der Kulturrosen nur fünfteilig sind. Schneiden Sie solche Wildtriebe möglichst tief unten weg – am besten noch Erde vorsichtig aufgraben. Auch Obstgehölze und andere veredelte Ziergehölze treiben Wildtriebe, die man entfernen sollte. Vor allem Flieder, Zierkirsche, Zierapfel, Felsenbirne und Blauregen werden oft als veredelte Gehölze gepflanzt.

Stauden stützen

Hohe Beetstauden, Sommer- sowie Zwiebel- und Knollenblumen neigen mit zunehmendem Wachstum oft zum Auseinanderfallen. Manchmal knicken sogar Stängel um, wenn sie reiche und damit schwere Blütenpracht zu tragen haben. Praktisch sind Stützstäbe mit höhenverschiebbarer Ringhalterung. Man kann die Pflanzen aber auch ähnlich wie Tomaten an Stangen oder Wellstäben aufbinden, die in der Nähe der Stängelbasis in den Boden gesteckt werden. Buschige, auseinanderfallende Stauden lassen sich gut mit Stützringen in Form halten, die man nach Bedarf im Durchmesser verstellen und höher schieben kann.

Expertentipp

Bei anhaltender Trockenheit jätet es sich am besten nach dem Gießen.

Querverweise

Sommerblühende Stauden Seite 82–83

Im Sommer blühende Gehölze

Sommerflieder

Buddleja davidii
Höhe/Breite: 2–4 m/1,5–3 m
Blütezeit: Juli – Oktober
sommergrüner Strauch

➤ **heißt auch Schmetterlingsstrauch**

Blüten: rosa, rot, violett, weiß; in bis 30 cm langen, aufrechten Rispen; **Boden:** jeder normale Gartenboden; Kalk liebend; **Pflege:** etwas frostempfindlich, besser im Frühjahr statt Herbst pflanzen, bevorzugt in geschützter Lage; friert im Winter teilweise zurück; bodennaher Rückschnitt im Februar/März bringt Neuaustrieb mit reichem Blütenansatz; **Gestaltung:** schön als Solitär, aber auch in Gruppen mit anderen sommerblühenden Sträuchern wie Pfeifen- und Spierstrauch

Fingerstrauch

Potentilla fruticosa
Höhe/Breite: 0,5–1,5 m/bis 1,2 m
Blütezeit: Juni – Oktober
sommergrüner Kleinstrauch

➤ **robuster Dauerblüher**

Blüten: goldgelb, weiß, rot oder rosa, schalenförmig, zahlreich; **Boden:** jeder normale, nicht zu trockene Gartenboden; **Pflege:** in Trockenperioden wässern, sonst sehr anspruchslos; alle 3–4 Jahre 10–20 cm über dem Boden zurückschneiden, danach düngen oder Kompost geben; **Gestaltung:** hübsch in kleinen Gruppen, z. B. auf Rabatten, Rasenflächen und vor größeren Gehölzen, als niedrige Blütenhecke, Begleiter von rot blühenden Sträuchern und Rosen

Rhododendron

Rhododendron yakushimanum
Höhe/Breite: 0,5–1 m/bis 1,5 m
Blütezeit: Mai – Juni
immergrüner Kleinstrauch

➤ **attraktiver Frühsommerblüher**

Blüten: üppig, viele Hybriden mit prächtigen Farben, von Weiß über Rosa bis Violett; **Boden:** humos, gut durchlässig, feucht, sauer (pH-Wert unter 5,5); **Pflege:** mäßig feucht halten, bei Trockenheit gründlich gießen (kalkarmes Regenwasser); Verblühtes regelmäßig entfernen; mit Rhododendrondünger oder Kompost versorgen; **Gestaltung:** wirkt einzeln, aber auch zu mehreren, z. B. unter größeren Gehölzen; es gibt verschiedene Rhododendron-Gruppen, teils bis 5 m hoch wachsend, teils nur sommergrün (Azaleen)

Expertentipp
Wurzelbereich im Herbst mit Laub und Nadelreisig abdecken.

Expertentipp
Immergrüne Rhododendren auch im Winter gelegentlich wässern.

Im Frühjahr bestimmen Blütengehölze das Bild vieler Gärten. Doch danach klafft häufig ein Sommerloch, das sich mit diesen Sträuchern attraktiv füllen lässt.

Beetrose

Rosa-Sorten (Foto: 'Montana')
Höhe/Breite: 0,4–1 m/bis 1 m
Blütezeit: Juni – September/Oktober
sommergrüner Kleinstrauch

➤ der Duft ist sortenabhängig

Blüten: alle Rosa- und Rottöne, weiß, gelb, meist gefüllt; **Boden:** humos, nährstoffreich, durchlässig; **Pflege:** je nach Wuchsstärke 40–60 cm Pflanzabstand, 3–6 Pflanzen/m²; bei Trockenheit kräftig gießen; Verblühtes regelmäßig entfernen; im Spätherbst anhäufeln und Winterschutz geben (siehe Seite 127); im Frühjahr abhäufeln, auf 3–5 Augen zurückschneiden und düngen; bei Bedarf monatliche Düngung bis Juli; **Gestaltung:** meist in Gruppen gepflanzt; schöne Begleiter sind blau, violett und weiß blühende Stauden

Expertentipp
Zu enge Pflanzabstände begünstigen Pilzbefall.

Strauchrose

Rosa-Sorten (Foto: 'Schneewittchen')
Höhe/Breite: 1–3 m/1,5–3 cm
Blütezeit: Juni – September/Oktober
sommergrüner Strauch

➤ oft sehr breitwüchsig

Blüten: alle Rosa- und Rottöne, weiß, gelb, auch zweifarbig, gefüllt oder einfach; **Boden:** humos, nährstoffreich, durchlässig; **Pflege:** je nach Wuchs und Verwendung mit 1–3 m Abstand pflanzen; bei Trockenheit kräftig gießen; Verblühtes nur entfernen, wenn keine Hagebutten gewünscht; bei Bedarf monatliche Düngung ab Frühjahr bis Juli; Winterschutz nur in rauen Lagen nötig; im Frühjahr auslichten; **Gestaltung:** vielseitig verwendbar, als Solitärgehölz oder in kleinen Gruppen, auch mit anderen Ziersträuchern

Expertentipp
Zu den Strauchrosen gehören auch Parkrosen, Alte und Englische Rosen.

Spierstrauch, Spiree

Spiraea-Bumalda-Hybriden
Höhe/Breite: 0,6–1,2 m/bis 1 m
Blütezeit: Juni – September
sommergrüner Kleinstrauch

➤ reich blühend und anspruchslos

Blüten: zahlreich in roten, aufrechten Schirmrispen; **Boden:** jeder normale Gartenboden; **Pflege:** bei anhaltender Trockenheit gießen, jährlich mit Kompost versorgen; verbesserter Blütenansatz, wenn Triebe im Frühjahr um etwa ein Drittel zurückgeschnitten werden; **Gestaltung:** wirkt einzeln und in Gruppen; schön für niedrige Blütenhecken und als Einfassung; ähnlich ist *Spiraea japonica*, Blüten rosa oder weiß

Expertentipp
Andere Spireen wie S. x arguta blühen im Frühsommer und nur weiß.

Sommerblühende Stauden

Stauden für sonnige Plätze

Name	Höhe	Blütenfarbe Blütezeit
Schafgarbe *(Achillea*-Arten)	60–120 cm	gelb, weiß, rosa Juni–September
Feinstrahl *(Erigeron-* Hybriden)	60–80 cm	blau, rosa, weiß Juni–September
Sonnenauge *(Heliopsis helianthoides* var. *scabra)*	120–130 cm	gelb Juli–September
Lavendel *(Lavandula angustifolia)*	30–80 cm	blauviolett, rosa Juni–August
Lupine *(Lupinus-Polyphyllus-* Hybriden)	80–100 cm	viele Farbtöne Mai–September
Ziersalbei *(Salvia nemorosa)*	30–50 cm	blau, violett Mai–Oktober

Stauden für sonnige und halbschattige Plätze

Name	Höhe	Blütenfarbe Blütezeit
Knäuelglockenblume *(Campanula glomerata)*	40–50 cm	violett, weiß Juli–August
Storchschnabel *(Geranium* x *magnificum)*	50–60 cm	blau, violett Juni–Juli
Lilie *(Lilium-* Hybriden)	50–150 cm	viele Farbtöne Juni–August
Indianernessel *(Monarda-* Hybriden)	100–150 cm	rot, rosa, weiß Juli–September

Stauden für halbschattige bis schattige Plätze

Name	Höhe	Blütenfarbe Blütezeit
Eisenhut *(Aconitum napellus)*	90–150 cm	blau, violett, weiß Juni–August
Waldgeißbart *(Aruncus dioicus)*	120–180 cm	weiß Juni–Juli
Krötenlilie *(Tricyrtis hirta)*	50–60 cm	rosa, weiß Juli–September

Prachtspiere, Astilbe

Astilbe x *arendsii*

Höhe: 60–100 cm; dicht buschig
Blütezeit: Juli – September
Schatten- und Beetstaude

➤ Zierde für sonnenarme Plätze

Blüten: große rosa, rote oder weiße Blütenrispen; **Boden:** humos, nährstoffreich, feucht; **Pflege:** bei Trockenheit kräftig gießen; Mulchen günstig; im Herbst mit Rindenhumus oder Laub abdecken; im Frühjahr abgeblühte Triebe herausschneiden; alle 1–2 Jahre mit Kompost versorgen; **Gestaltung:** für schattige Beete und Rabatten, Gehölzrandpflanzungen; besonders attraktiv bei Kombination verschiedener Blütenfarben; kleinere *Astilbe*-Arten: *A. chinensis* var. *pumila*, *A. japonica*

Gute Partner
Eisenhut, Farne, Funkien, Lilien, Storchschnabel

Mädchenauge

Coreopsis grandiflora

Höhe: 60–80 cm; buschig, locker
Blütezeit: Juni – September
Beetstaude

➤ anspruchsloser Sonnenblüher

Blüten: goldgelb, bis 9 cm Ø; **Boden:** jeder normale Gartenboden; **Pflege:** bei längerer Trockenheit gießen; neigt zum Auseinanderfallen, wenn nötig, mit Staudenring versehen; nach der Blüte bis kurz über dem Boden zurückschneiden; im Frühjahr organisch düngen; **Gestaltung:** schmucker Begleiter für höher wachsende Leitstauden in Beeten und Rabatten; natürlicher Charme, gute Bienenfutterpflanze

Gute Partner
Indianernessel, Phlox, Rittersporn, Ziersalbei

Ob sonnige Prachtbeete oder lichtarme Gartenpartien – Stauden sorgen überall für sommerlangen Flor und sind meist recht pflegeleicht.

Rittersporn

Delphinium x *belladonna* hort.
Höhe: 80–140 cm; aufrecht, buschig
Blütezeit: Juni – Juli/September
Beetstaude

➤ sattes Blau in allen Facetten

Blüten: hellblau bis tiefviolett oder weiß; in bis 30 cm langen Blütenkerzen; **Boden:** humos, nährstoffreich; **Pflege:** im Sommer reichlich gießen; gleich nach der ersten Blüte im Juli 10 cm über dem Boden zurückschneiden, dann zweiter Flor im August/September; im Frühjahr und nach Rückschnitt düngen; **Gestaltung:** Leitpflanze in Staudenbeeten, schön als Beethintergrund, als Begleiter von Rosen und anderen kleinen Gehölzen

Funkie

Hosta-Arten
Höhe: 30–90 cm; buschige Rosette
Blütezeit: Juni/Juli – August
Schatten- und Beetstaude

➤ hübsche Blattschmuckpflanze

Blüten: weiß, blau, lila, in Trauben an langen Stielen, die sich über der Blattrosette erheben; **Boden:** humos, nicht zu trocken; **Pflege:** bei anhaltender Trockenheit gießen, jährlich mit Kompost versorgen; anspruchslos, aber vor allem als Jungpflanze stark durch Schnecken gefährdet; **Gestaltung:** attraktiv durch die je nach Art und Sorte sehr unterschiedlichen Blattfärbungen, teils mit hellen Rändern oder Streifen; für Unterpflanzung von Gehölzen, Schattenbeete und schattige Teichränder

Flammenblume, Phlox

Phlox-Paniculata-Hybriden
Höhe: 50–100 cm; buschig, aufrecht
Blütezeit: Juni – September
Beetstaude

➤ leuchtende, duftende Blüten

Blüten: breite Blütendolden in vielen Rosa- und Rottönen sowie Weiß, Einzelblüten bis 2 cm Ø; **Boden:** humos, durchlässig, nährstoffreich, feucht; **Pflege:** gleichmäßig leicht feucht halten, bei Trockenheit kräftig gießen; im Frühjahr düngen; hohe Sorten an Stäben aufbinden; nach der Blüte bis 10 cm über dem Boden zurückschneiden; **Gestaltung:** durch die kräftigen Farben ein besonderer Akzent im Staudenbeet; bei Pflanzung in Sitzplatznähe kann man den vor allem abends intensiven Duft genießen

Expertentipp

Delphinium-Elatum-Hybriden sind noch imposanter (bis 2 m hoch).

Querverweise

Spätsommer- und Herbstblüher Seite 104–105

Arbeitskalender Mai/Juni

Mai

Allgemeine Gartenarbeiten

Bei Wärme und Trockenheit gießen; Saaten und junge Pflanzen feucht halten, mit Netzen vor Vögeln schützen. Wenn Spätfröste drohen, empfindliche Pflanzen abdecken. Regelmäßig und gründlich jäten, zwischen Beetreihen lockern. Auf Schnecken und erste Anzeichen von sonstigem Schädlingsbefall achten. Spätestens jetzt erstes Rasenmähen; Rasen düngen, evtl. vertikutieren. Optimale Zeit für Rasenneuanlage.

Arbeiten im Blumen- und Staudengarten

Nach Mitte Mai können die meisten Sommerblumen aufs Beet gesetzt werden, möglichst vorher abhärten; bei vielen ist jetzt auch Direktsaat draußen möglich. Verblühte Zweijahrsblumen abräumen. Plätze einziehender Zwiebelblumen merken oder markieren, um spätere Beschädigungen zu vermeiden. Knollen von Dahlien, Gladiolen, Begonien und Blumenrohr *(Canna)* pflanzen.

Arbeiten im Gemüse- und Kräutergarten

Anfang Mai bei Bedarf noch Gurken und andere Fruchtgemüse vorziehen oder nach Mitte Mai direkt ins Freie säen. Jungpflanzen von Tomaten usw. allmählich abhärten, nach den Eisheiligen pflanzen. Folgesaaten von Salat, Radieschen, Möhren u. a. durchführen, aufgegangene Saaten ausdünnen. Kohl, Salat, Lauch pflanzen. Sich die ersten Ernten schmecken lassen.

Arbeiten an Zier- und Obstgehölzen

Gute Pflanzzeit für Nadelgehölze und immergrüne Laubgehölze. Bei trocken-warmer Witterung für alle Gehölzpflanzungen ab jetzt am besten Containerware verwenden. Obstgehölze bei Trockenheit gründlich wässern.

Eine wichtige »Arbeitsanleitung« für alle warmen Gartentage: öfter mal hinsetzen, sich umschauen, schnuppern, entspannen, genießen.

Juni

Allgemeine Gartenarbeiten

Wenn die größte Schneckengefahr vorbei ist, freie Beetflächen und unter Gehölzen mulchen. Gießen, jäten, hacken, auf Schädlinge und Krankheiten achten. Rasen kann noch gut angelegt oder nachgesät werden.

Arbeiten im Blumen- und Staudengarten

Bei Bedarf Sommerblumen und Stauden (Containerware) nachpflanzen, frühjahrsblühende Stauden setzen. Zweijährige Sommerblumen vorziehen. Direkt aufs Beet gesäte Einjahrsblumen ausdünnen (auf mindestens 15-20 cm, je nach Größe). Verblühtes regelmäßig entfernen. Hohe Stauden, wenn nötig, aufbinden oder stützen.

Arbeiten im Gemüse- und Kräutergarten

Letzte Fruchtgemüse pflanzen. Weiterhin Folgesaaten von Salat (Sommersorten), Radieschen, Rettich, Mangold sowie Pflanzung von Kohl, Salat, Lauch. Grünkohl und Endivie vorziehen. Eingewachsene Kohl-, Lauch- und Tomatenpflanzen und Erbsen anhäufeln. Saatreihen auf optimale Abstände ausdünnen. Reifes Gemüse nicht zu spät ernten. Um den 24. Juni letzte Rhabarberernte.

Arbeiten an Zier- und Obstgehölzen

Frühjahrsblüher auslichten und/oder zurückschneiden. Mit Heckenschnitt bis Ende Juni, Anfang Juli warten, um brütende Vögel zu schonen. Obstgehölze bei Trockenheit gründlich wässern, sehr dichten Fruchtbehang etwas ausdünnen. Sauerkirschen und Beerenobst können zum Teil schon geerntet werden. Ende Juni letzte stickstoffhaltige Düngung bei Sträuchern und Bäumen, damit das Holz gut ausgereift in den Winter geht.

Juli

Die große Saat- und Pflanzzeit ist vorbei, an Herbst und Winter muss man noch nicht denken – eine gute Zeit für Mußestunden im Grünen.

Markisen und Sonnensegel haben jetzt ihren großen Auftritt, und Gärtner tun gut daran, sich nicht allzu lange in der prallen Sonne aufzuhalten. Doch nicht selten ist im Juli eher Regen- als Sonnenschirm angesagt. Tatsächlich handelt es sich im Durchschnitt um den regenreichsten Monat. Und oft genug fällt der erste Hochsommer sogar ganz ins Wasser.

Sommer, Sonne, Urlaub

Wenn sich bei uns die Julisonne vornehm zurückhält, werden warme Urlaubsländer umso reizvoller. Ob kurzfristige oder lang geplante Ferienreise, man sollte sich kurz vor Abfahrt nochmals gründlich um den Garten kümmern:

- Rasen mähen (nicht allzu kurz),
- welke Blüten entfernen,
- reifes Gemüse und Obst ernten,
- Unkraut jäten, hacken, mulchen,
- bei Trockenheit durchdringend gießen. Vor längerer Abwesenheit sollte man sich allerdings um eine »Urlaubsvertretung« beim Gießen bemühen (siehe Seite 76–77).

Unkraut, Wildkraut, Spontanflora

»Un-Kraut« ist schon ein merkwürdiger, sehr negativer Begriff. Doch »Wildkräuter« trifft es auch nicht so ganz, da die meisten Arten erst durch Garten- und Ackerbau gefördert wurden. Wie auch immer man die lästige »Spontanflora« bezeichnet – sie sollte regelmäßig im Zaum gehalten werden. Chemische Mittel (Herbizide) sind allerdings im Privatgarten fehl am Platz, falsche Anwendung kann zudem den Kulturpflanzen schaden.

Wenn man gleich zu Wachstumsbeginn regelmäßig jätet, bekommt man die Unkräuter für den Rest des Jahres gut in den Griff. Dabei hilft auch das Mulchen freier Beetflächen, das den Aufwuchs unterdrückt. Wenn hier und da ein paar »halbwilde« Kräuter stehen, ist das ohnehin nicht dramatisch. Einige sind sogar wichtige Nährpflanzen für Bienen und Schmetterlinge. Blühende Problemunkräuter wie z. B. Knopfkraut müssen jedoch unbedingt entfernt werden, um eine Samenausbreitung zu verhindern, ebenso hartnäckige Wurzelunkräuter.

Rote Johannisbeeren können je nach Lage und Sorte von Juni bis August geerntet werden.

Wohnen im Grünen

Für die meisten Gartenbesitzer spielt das sommerliche Leben im Freien eine ganz wichtige Rolle: innerhalb der eigenen grünen Wände ausspannen, grillen, feiern, sich einfach wohl fühlen. Auf dieses Bedürfnis reagieren Garten- und Baumärkte sowie Spezialanbieter mit einem ständig wachsenden Sortiment an Wohngarten-Zubehör. Dieses ist ebenso vielfältig wie die Geschmäcker und die Vorstellungen vom angenehmen Gartenleben. Deshalb im Folgenden nur einige grundsätzliche Hinweise und Anregungen (konkrete Gestaltungsbeispiele für lauschige Plätze finden Sie auf Seite 96–97).

Terrasse und Gartensitzplatz

Wo die Möglichkeit besteht, eine Terrasse anzulegen, wird diese in der Regel zum Hauptaufenthaltsort im Freien. Andernfalls findet sich in fast jedem Garten eine Ecke, die sich als gelegentlicher oder auch als Dauersitzplatz einrichten lässt. Wenn dort jedoch nicht nur eine Liege oder Bank, sondern ein kleiner Tisch mit vier Stühlen stehen soll, muss man dafür schon mindestens 8–10 m^2 reservieren. Einen angenehmen Luxus stellt der Zweitsitzplatz im Garten dar, der z. B. Schatten bietet, wenn die Sonne auf die Terrasse »knallt«.

➤ Ein einfacher, unbefestigter Freisitz ist mithilfe von Klappmöbeln schnell »installiert«.

➤ Bei häufiger Nutzung empfiehlt sich die Einsaat von Strapazierrasen.

➤ Möbel mit breiten Aufstellfüßen oder Kufen schonen nicht nur den Rasen, sondern stehen auch stabiler als Stühle und Tische mit dünnem Gestänge.

Bequem im Freien sitzen

Befestigte Gartensitzplätze und Terrassen verlangen schon etwas Aufwand, auch finanziell gesehen. Die Einrichtung muss nicht »vom Feinsten« sein, aber stabiles, witterungsbeständiges Material und gute Verarbeitung haben ihren Preis. Knifflige Bau- und Konstruktionsarbeiten lässt man am besten von Fachleuten ausführen.

➤ Als Bodenbelag eignen sich Pflaster oder Platten aus Beton-, Klinker- oder Natursteinen sowie Holzbeläge. Neben Preis und persönlichen Vorlieben ist ein wichtiges Kriterium, dass der Belag auch bei Nässe trittsicher bleibt.

➤ Sicht- und Windschutz bieten Hecken, hohe Sträucher und dicht bewachsene Rankwände. Allerdings dauert es einige Jahre, bis Pflanzen sich zu einem guten Sichtschutz entwickelt haben, zudem beanspruchen sie zusätzlichen Platz. Eine Alternative sind geschlossene Sichtschutzelemente aus Holz, die mit einjährigen Kletterpflanzen schnell begrünt werden können.

➤ Die Pergola umrahmt und überspannt den Sitzplatz wie ein luftiges Haus. Kletterpflanzen, die an den Pfosten hochranken, bilden nach einigen Jahren ein lauschiges Schattendach. Beim Bau auf feste Verankerung und stabile Konstruktion achten. Die Bauteile sollten, wie alles Holz im Garten, kesseldruckimprägniert sein.

➤ Lauben und Pavillons gibt es in den verschiedensten Ausführungen, vom einfachen Holzgerüst mit Dach bis zum rundum verglasten Häuschen. Beachten Sie, dass für solche Konstruktionen vielerorts Grenzabstände einzuhalten sind, teils Bauanmeldungen oder gar Baugenehmigungen nötig werden. (Auskunft erteilt die örtliche Baubehörde.)

➤ Gartenmöbel sollten vor allem wetterfest und stabil sein. Über Material und Design entscheiden letztendlich Geschmack und Geldbeutel.

Möbel für den Garten
Wetterfest, robust, stabiler Stand, gut transportierbar – das sind die wichtigsten Auswahlkriterien.

Zur wohnlichen Sitzplatzgestaltung gehört auch die gut durchdachte Umpflanzung, etwa mit Schatten spendenden Sträuchern.

Grün, blühend und duftend

Auf abschirmende Gehölze und Kletterpflanzen wurde bereits hingewiesen. Großsträucher und kleine Bäume wie Strauchrosen oder Ahorne geben auch einzeln eine schöne Kulisse für Sitzbereiche im Freien ab.

➤ Manche Pflanzen haben eine Eigenschaft, die sie für die Umrahmung von Sitzplätzen besonders empfehlen: Sie verströmen einen angenehmen Duft. Dazu gehören z. B. Rosen, Kräuter, Phlox, Blauregen, Lilien, Vanilleblumen und Levkojen.

➤ Mit Kübel- und Topfpflanzen lässt sich jeder Sitzplatz in ein sommerliches Blütenmeer verwandeln. Mit Oleander, Bougainvillee, Lorbeerbaum und Rosmarin z. B. kann man mediterrane Atmosphäre schaffen.
Allerdings ist ein frostfreier, kühler und heller Platz notwendig, um die empfindlichen Kübelpflanzen gut über den Winter zu bringen.

➤ Besondere Akzente setzen auch Mini-Teiche in Kübeln, wenn man nicht gleich einen Gartenteich in Sitzplatznähe anlegen möchte.
Wer kleine Kinder hat, sollte jedoch mit einem Teich noch etwas warten, weil er immer ein Risiko darstellt.
Auch auf giftige Pflanzen (siehe hintere Umschlaginnenseiten) und Gewächse mit starken Dornen oder Stacheln verzichtet man am besten, solange noch kleine Kinder im Haus sind.

Schnittmaßnahmen im Sommer

Kurzinformation

Stauden schneiden

Zweiter Flor nach Sommer-Rückschnitt:
- Lupinen
- Rittersporn
- Staudenmargeriten
- Ziersalbei

Rückschnitt erst im Frühjahr:
- Astilbe
- Besenheide
- Silberkerze
- Wildstauden

Sommerschnitt im Obstgarten

Alle Obstbäume:
- Entfernen von Wasserschossen, Aufbinden oder Abspreizen von Trieben

Steinobstbäume:
- Auslichten, Entfernen abgetragener Äste, Rückschnitt

Kernobstbäume:
- Schnitt auch im Sommer möglich, begrenzt Wachstum

Beerenobst:
- Auslichten, Entfernen abgetragener Zweige

Stauden zurückschneiden

Einige Stauden bringen nochmals einen reichen zweiten Flor, wenn man sie nach der Hauptblüte eine Handbreit über dem Boden zurückschneidet. Ebenso stark kürzt man die meisten Beetstauden ein, wenn sie ganz verblüht sind. Ausnahmen bilden etwas frostempfindliche Arten und Wildstauden, sie schneidet man besser erst im Frühjahr zurück. Bei Polsterstauden und strauchigen Arten kürzt man die Triebe nur um ein Drittel ein; Lavendel und Schneeheide benötigen nur alle 2–3 Jahre einen Rückschnitt.

Verblühtes wegschneiden

Das regelmäßige Entfernen welker Blüten oder Blütenstände fördert bei den meisten Stauden und Sommerblumen sowie bei manchen Gehölzen die Nachblüte. Besonders wichtig ist dies bei öfter blühenden Beet-, Kletter- und Strauchrosen. Hier schneidet man die welken Blüten mitsamt den zwei darunter liegenden Blättern, die sich aus fünf Einzelblättchen zusammensetzen, weg. Welke Edelrosenblüten kappt man mitsamt Stiel oberhalb des nächst tieferen Blatts. Lassen Sie den welken Flor einmal blühender Strauch- und Wildrosen stehen – sie tragen im Herbst schöne Hagebutten.

Manche Gärtner empfehlen, den Obstbaumschnitt komplett in den Sommer zu verlegen. Allerdings erkennt man im Winter den Aufbau des Astgerüsts besser.

Heckenschnitt
Warten Sie mit dem Schnitt möglichst bis Juli, da Hecken bis zum Frühsommer beliebte Brutplätze für Vögel darstellen. Günstig ist ein trapezförmiger Querschnitt, der sich von unten nach oben verschmälert, andernfalls verkahlt die Heckenbasis mit der Zeit. Es ist gar nicht so einfach, die abgeschrägten Seiten und die Heckenkrone wirklich gerade zu schneiden. Ein Lattengerüst mit längs gespannten Drähten als »Schablone« bietet da eine sehr gute Hilfe. Bei elektrischen Heckenscheren befestigt man das Kabel am besten am Gürtel, so dass nur ein kurzes Stück frei beweglich bleibt und nicht in die Quere kommen kann.

Sommerschnitt beim Steinobst
Steinobstbäume (Kirschen, Pflaume, Pfirsich, Aprikose) lichtet man am besten gleich nach der Ernte aus. Dabei werden vor allem zu dicht stehende Zweige ausgedünnt und auf den Astoberseiten wachsende Steiltriebe (Wasserschosse) entfernt. Pfirsich und Sauerkirsche tragen hauptsächlich an einjährigen Trieben, deren Neubildung durch Wegschneiden abgetragener Zweige gefördert wird. Bei Sauerkirschen, z. B. 'Schattenmorelle', schneidet man die alten, peitschenartigen Langtriebe auf jüngeres Holz zurück (vgl. Abbildung). Ältere Bäume kann man durch Einkürzen der Leitäste verjüngen.

Beerenobst auslichten
Auch bei Beerensträuchern empfiehlt sich ein Schnitt nach der Ernte. Jungen Sträuchern belässt man im zweiten Standjahr zunächst 4–5 kräftige Bodentriebe und schneidet in den Folgejahren so, dass sie sich schließlich aus 8–10 Leitzweigen aufbauen. Von den überzähligen Trieben nimmt man die schwächsten und vor allem die abgetragenen Leitzweige heraus. Bei Roten und Weißen Johannisbeeren sowie Stachelbeeren tragen die einzelnen Triebe 3–4 Jahre gut, bei Schwarzen Johannisbeeren nur 1–2 Jahre; danach werden sie unten weggeschnitten oder auf eine jüngere Verzweigung abgeleitet.

Expertentipp
Zweiter Heckenschnitt, falls erforderlich, im Herbst oder zeitigen Frühjahr.

Querverweise
Gehölze schneiden Seite 16–17

Beerenobst

Kiwi

Actinidia chinensis
Pflanzabstand: 3–4 m
Erntezeit: Oktober/November
Klettergehölz

➤ **an Klettergerüst hoch leiten**

Anbau: im späten Frühjahr pflanzen; bei zweihäusigen Sorten für Fruchtbildung weibliches und männliches Exemplar nötig; **Boden:** humos, locker, leicht sauer; **Pflege:** gut feucht halten, im Frühjahr Kompost oder Langzeitdünger geben, im Juni nachdüngen; im Sommer Seitentriebe nach sechstem Blatt oberhalb der Früchte kappen; Winterschutz geben; im Spätwinter abgetragene Langtriebe zurückschneiden; **Ernte:** in frostgefährdeten Lagen unsicher; Sorte 'Weiki' reift relativ früh und ist winterhart

Erdbeere

Fragaria x *ananassa*
Pflanzabstand: 40 x 20 cm
Erntezeit: Juni – Juli (September)
Staude

➤ **alle 2–4 Jahre neu pflanzen**

Anbau: im August in Reihen pflanzen; Monatserdbeeren im Frühjahr; **Boden:** humos, durchlässig; **Pflege:** leicht feucht halten, im Frühjahr Kompost oder Langzeitdünger geben, alle acht Wochen nachdüngen; häufig hacken oder – noch besser – mulchen; welke Blätter und nicht für Vermehrung benötigte Ausläufer entfernen; **Ernte:** ab Juni mehrmals durchpflücken, Früchte mitsamt Kelchblättern abkneifen; mehrmals tragende Sorten und kleinfrüchtige Monatserdbeeren können bis Frosteintritt geerntet werden

Schwarze Johannisbeere

Ribes nigrum
Pflanzabstand: 1,5–2 m
Erntezeit: Juni – Juli
Strauch

➤ **spätfrostempfindlich**

Anbau: im Spätherbst pflanzen, auch zeitiges Frühjahr möglich; etwa 10 cm tiefer setzen, als sie vorher in der Baumschule standen; in Strauchgruppen, in Reihen oder am Spalier; **Boden:** normaler Gartenboden, vorzugsweise leicht sauer; **Pflege:** Düngen, Gießen, Mulchen wie Rote Johannisbeere; Schnittprinzip siehe Seite 91, lange Leittriebe einkürzen, um Verzweigung zu fördern; **Ernte:** Beerentrauben vorsichtig abreißen oder abschneiden

Expertentipp
In heller West- oder Ostlage günstiger als vor stark besonnter Südwand.

Expertentipp
Im August/September gut gießen (Zeit der Blütenneuanlage).

Expertentipp
Gute Spätsorte: 'Daniels September', Ernte Ende Juli.

Auch Brombeeren können angepflanzt werden, sie brauchen aber viel Platz. Spezialisten für saure Böden sind Heidel- und Preiselbeeren.

Rote Johannisbeere

Ribes rubrum

Pflanzabstand: 0,8–1,5 m
Erntezeit: Juni – August
Strauch, Hochstämmchen

➤ umfasst auch weiße Sorten

Anbau: vorzugsweise im Spätherbst pflanzen; in kleinen Gruppen, in Reihen, als Spalier an Spanndraht; als Hochstämmchen (brauchen Stützpfahl) auch einzeln; möglichst geschützter Platz; **Boden:** normaler Gartenboden; **Pflege:** jährlich vor dem Austrieb düngen; Flachwurzler, Vorsicht bei Bodenbearbeitung; Mulchen sehr günstig; besonders nach Fruchtansatz gleichmäßig feucht halten; Schnitt siehe Seite 91; **Ernte:** verschiedene Reifezeiten je nach Sorte; ganze Trauben abschneiden

Stachelbeere

Ribes uva-crispa

Pflanzabstand: 1–2 m
Erntezeit: Juni – Juli
Strauch, Hochstämmchen

➤ grüne, rote und gelbe Sorten

Anbau: im Spätherbst oder zeitigen Frühjahr pflanzen; als frei wachsende Büsche, Hochstämmchen mit Pfahl oder als Spalier mit Spanndraht; **Boden:** humos, nicht zu trocken; **Pflege:** im Frühjahr mit Kompost versorgen; Flachwurzler, nicht unter den Sträuchern hacken, sondern gründlich mulchen; gleichmäßig feucht halten; Schnittprinzip siehe Seite 91, alle Triebspitzen etwas einkürzen; **Ernte:** zum Einkochen Ernte unreifer Früchte schon ab Ende Mai, für Marmelade noch feste Beeren pflücken

Himbeere

Rubus idaeus

Pflanzabstand: 0,5 m
Erntezeit: Juni – August
Halbstrauch

➤ windgeschützter Platz günstig

Anbau: im Herbst oder zeitigen Frühjahr pflanzen; an Gerüst mit mehreren waagrechten Drähten anbinden oder hindurchflechten; **Boden:** normaler Gartenboden, leicht sauer; **Pflege:** im Frühjahr Kompost oder chloridfreien Dünger geben; Flachwurzler, nicht austrocknen lassen; mulchen; nach der Ernte abgetragene, vorjährige Ruten direkt über dem Boden wegschneiden; **Ernte:** ab Reifebeginn regelmäßig durchpflücken; zweimal tragende Sorten fruchten im Frühsommer und im September

Expertentipp
Die Sorte 'Rote Vierländer' verträgt auch raue Lagen.

Expertentipp
Mehltauresistente Sorten bevorzugen.

Kletterpflanzen

Einjährige Kletterpflanzen

Name	Höhe Wuchs	Blütenfarbe Blütezeit
Glockenrebe *(Cobaea scandens)*	bis 4 m Ranker	violett Juli–Oktober
Zierkürbis *(Cucurbita pepo)*	bis 4 m Ranker	gelb/Zierfrüchte Juni–September
Prunkwinde *(Ipomoea tricolor)*	bis 3 m Schlinger	violett Juli–Oktober
Trichterwinde *(Pharbitis purpurea)*	bis 3 m Schlinger	blau, rot, rosa Juli–September
Feuerbohne *(Phaseolus coccineus)*	bis 4 m Schlinger	weiß, rot Juni–September
Kapuzinerkresse *(Tropaeolum peregrinum)*	bis 3 m Ranker	gelb Juli–Oktober

Ausdauernde Klettergehölze

Strahlengriffel *(Actinidia arguta)*	bis 4 m Schlinger	weiß Juni–Juli
Pfeifenwinde *(Aristolochia macrophylla)*	bis 10 m Schlinger	Blüten unscheinbar, große attraktive Blätter
Trompetenblume *(Campsis radicans)*	bis 3 m Haftwurzeln	orange, gelb Juli–September
Alpenwaldrebe *(Clematis alpina)*	bis 2 m Ranker	bläulich Mai–Juni
Efeu *(Hedera helix)*	bis 20 m Haftwurzeln	Blüten unscheinbar, zierende Blätter
Geißblatt *(Lonicera caprifolium)*	bis 5 m Schlinger	weiß-rötlich Mai–Juli
Kletterrose *(Rosa-Sorten)*	bis 5 m Spreizklimmer	viele Farbtöne Juni–Oktober
Blauregen *(Wisteria floribunda)*	bis 8 m Schlinger	blau Mai–Juni

Großblumige Waldrebe

Clematis-Hybriden
Höhe: 2–4 m; Ranker
Blütezeit: Juni – Oktober
sommergrünes Klettergehölz

➤ attraktiv und anspruchsvoll

Blüten: blau, violett, rot, rosa, weiß, auch mehrfarbig, bis 20 cm Ø; **Boden:** humos, kalkhaltig, durchlässig; **Pflege:** im Frühjahr pflanzen, mit verdickter Veredlungsstelle 10–15 cm unter der Erdoberfläche; Wurzelbereich sollte schattig liegen, wenn nötig, Stauden vorpflanzen oder dick mulchen; feucht, aber nicht nass halten; im Frühjahr düngen; abgestorbene Triebe entfernen, Rückschnitt je nach Sorte unterschiedlich; **Gestaltung:** einzeln oder zu mehreren an Mauern, Zäunen, Pergola oder Hauseingang

Schlingknöterich

Fallopia baldschuanica
Höhe: 8–10 m; Schlinger
Blütezeit: Juli – Oktober
sommergrünes Klettergehölz

➤ schnellwüchsig und raumgreifend

Blüten: weiße, bis zu 40 cm lange, duftende Rispen; **Boden:** jeder normale Gartenboden; **Pflege:** im ersten Jahr nach der Pflanzung nicht austrocknen lassen, sonst sehr anspruchslos; stabile Kletterhilfe nötig; jährlicher Rückschnitt fördert die Blütenbildung, ist oft auch nötig, um den Wuchs zu begrenzen; **Gestaltung:** eine Pflanze genügt, um größere Flächen zu begrünen; geeignet für alle Einsatzbereiche von Kletterpflanzen, insbesondere auch zum Verschönern unansehnlicher Baulichkeiten

Fast alle Arten brauchen eine Kletterhilfe: Schlinger winden sich an senkrechten Stützen oder Drähten hoch, Ranker bevorzugen Gitter.

Duftwicke

Lathyrus odoratus
Höhe: 1–3 m; Ranker
Blütezeit: Juni – September
einjährige Kletterpflanze

➤ **bunte, duftende Blüten**

Blüten: rosa, rot, lila, weiß; bis 6 cm groß, in lockeren Trauben; **Boden:** humos, nährstoffreich, kalkhaltig; **Pflege:** im März vorziehen oder im April mit 4 cm Abstand direkt ins Freie säen; an Rankgitter hoch leiten; gleichmäßig feucht halten, alle 3–4 Wochen düngen; an der Stängelbasis anhäufeln; abgeblühte Triebe regelmäßig wegschneiden; **Gestaltung:** häufig in bunten Mischungen angeboten; verschönert Zäune und Sichtschutzelemente, hüllt Sitzplätze in angenehmen Duft

Wilder Wein

Parthenocissus-Arten
Höhe: 10–15 m; Haftscheibenkletterer
Blütezeit: Juni – August
sommergrünes Klettergehölz

➤ **rote Herbstfärbung**

Blüte: unauffällige weißliche Rispen, aus denen ab September blauschwarze, kugelige Früchte hervorgehen; **Boden:** normaler Gartenboden; **Pflege:** *P. tricuspidata* klettert ohne Hilfe an jeder rauen Oberfläche hoch, *P. quinquefolia* braucht in den ersten Jahren eine Rankhilfe; im Frühjahr organisch düngen, zu starken Wuchs durch Schnitt begrenzen; **Gestaltung:** wächst recht schnell und begrünt attraktiv Mauern, Wände, Pergolen, Lauben; intensive Herbstfärbung nur an nicht zu schattigen Plätzen

Schwarzäugige Susanne

Thunbergia alata
Höhe: 1–1,5 m; Schlinger
Blütezeit: Juni – Oktober
einjährig gezogene Staude

➤ **etwas windempfindlich**

Blüten: gelb, orange, weiß, oft mit dunkler Mitte; bis 5 cm Ø; **Boden:** nährstoffreich, feucht, kalkhaltig; **Pflege:** im März vorziehen, nach Mitte Mai mit 20–40 cm Abstand nach draußen pflanzen; gleichmäßig feucht halten; mit organischem Dünger versorgen; Kletterhilfen wie Gitter, Rankgerüste und Spanndrähte anbieten; **Gestaltung:** als niedrigen Sichtschutz an Drähten hochziehen, an Pergolen oder Zäunen hoch wachsen lassen; hübsch als Überwallung kleinerer Mauern

Expertentipp
Die Fruchthülsen sind nicht zum Verzehr geeignet.

Expertentipp
Die blauschwarzen, kugeligen Früchte sind schwach giftig.

Lauschige Plätze gestalten

Kurzinformation

Sitzplatzgrößen (Flächenbedarf)

Beispiel 1:
Gartenbank: 1,5–2 x 1,5 m

Beispiel 2:
runder Tisch mit 1 m Ø und vier Stühle: 3 x 3 m bis 3,5 x 3,5 m

Beispiel 3:
rechteckiger Tisch, 2 x 1 m, und acht Stühle: 5 x 3–4 m

Beispiel 4:
geräumige Terrasse oder Sitzplatz mit Gartenkamin, gemauertem Grill etc.: 30–40 m²

Duftende Sitzplatz-Begleiter

Sommerflieder (Buddleja)
Vanilleblume (Heliotropium)
Duftwicke (Lathyrus)
Lavendel (Lavandula)
Lilien (Lilium)
Duftsteinrich (Lobularia)
Geißblatt (Lonicera)
Pfeifenstrauch (Philadelphus)
Flammenblume (Phlox)
Beet-, Strauch- und Kletterrosen (Rosa), duftende Sorten
Blauregen (Wisteria)
Würzkräuter

Rondell mit Rose & Co.
Gut 4 m Durchmesser hat dieser Freisitz, so dass man bei Bedarf noch ein paar Stühle dazustellen kann. Eine Rundform fügt sich besonders ansprechend in den Garten ein. Für das Pflastern des Rondells (vom äußeren Kreis nach innen verlegen) eignen sich Natur- oder Betonsteine. Am besten schüttet man darunter noch etwas Erde oder Schotter auf, denn bei erhöhtem Niveau mit leichtem Gefälle läuft das Regenwasser besser ab. Einige Natursteinplatten dienen als Stufen.
Zur einsehbaren Gartenseite hin schirmen große Sträucher ab. Glanzstück der Bepflanzung ist die Strauchrose 'Zephirine Drouhin', eine lang blühende, duftende Bourbonrose ohne Stacheln (1). Sie wird begleitet von Lorbeerkirsche (2) und Schneeball 'Roseum' (3). Für beruhigendes Grün sorgen Eibe (4) und Feuerahorn (5), dessen Laub sich im Herbst leuchtend rot verfärbt.
Die symmetrisch angelegten, nach vorn sanft abfallenden Rabatten sind mit Spireen (6) eingefasst; Akzente setzen Rittersporne (7), begleitet von gelbem Sonnenhut (8). Zum Sitzplatz hin wachsen niedrige weiße Glockenblumen *(Campanula carpatica)* (9) und teppichartige blaue Dalmatiner-Glockenblumen *(Campanula portenschlagiana)* (10).

Am Gartensitzplatz sind vor allem Sommerblüher gefragt. Zusätzliche Frühjahrs- und Herbstschönheiten empfehlen sich besonders für die Terrasse am Haus.

Sitzplatz-Architektur
Auch wenn ein Sitzplatz nicht mit dem Haus in Verbindung steht, kann er ebenso wie eine Terrasse angelegt werden. Die geraden, eckigen Formen von Pflaster und Pergola stellen mitten im Garten allerdings erst einmal Fremdkörper dar. Nun kommt es darauf an, die architektonischen Elemente durch geschickte Bepflanzung einzubinden. Im gezeigten Beispiel ist das durch hohe Rittersporne als »blühende Wand« sehr schön gelöst, der grüngelb blühende Frauenmantel *(Alchemilla mollis)* lockert mit fließenden Formen die Ränder des Bodenbelags auf. Die Pergola ziert ein Buntblättriger Strahlengriffel *(Actinidia kolomikta)*.

Rast unterm Apfelbaum
Vielleicht das schönste Argument für größere Obstbaumformen im Garten: Unter Buschbäumchen lässt es sich kaum so angenehm sitzen wie unter einem Apfelnieder- oder -halbstamm. Eine Sitzbank genügt hier als Inventar. Dass es trotzdem sehr »wohnlich« aussieht, liegt an der Bepflanzung, die die Bank umrahmt. Mit hohen Stauden, Staudengräsern und Sonnenblumen wurde eine attraktive Sitznische geschaffen, Sommerblumen runden das fröhlich bunte Bild ab. So kommt man ohne großen Aufwand zu einem ansehnlichen Gartensitzplatz, der bald zum Lieblingsaufenthaltsort wird.

Ein Traum in Weiß
Solch eine bezaubernde, stilvolle Gartenszenerie ist gar nicht so schwer nachzugestalten. Einfach, aber wirkungsvoll: die Beschränkung auf Weiß und Grün. Weiß schafft optische Weite, lässt auch begrenzte Flächen großzügiger und offener wirken. Die weißen Rosen und Stauden kontrastieren schön mit dem sattgrünen Einfassungsbuchs und vermitteln ein vornehm-freundliches Bild. Der helle Anstrich des Pavillons reflektiert nicht zuletzt die Sonnenstrahlen und beugt so übermäßiger Erwärmung vor. Hier könnte natürlich auch eine schlichtere, nicht zu klobige Gartenlaube stehen.

Querverweise
Wohnen im Grünen Seite 88–89
Kletterpflanzen Seite 94–95

Expertentipp
Nur schadstoffarme, pflanzenverträgliche Holzschutzfarben verwenden.

August

Mitten in der Erntezeit steht schon das nächste Gartenjahr vor der Tür, das man mit dem Pflanzen von Frühjahrsblühern einläuten kann.

»Hundstage« nennt man die Phase großer Hitze, die sich häufig gegen Ende Juli einstellt und oft bis Mitte August andauert. Jetzt haben Gießkanne und Schlauch Hochkonjunktur. Zumindest in den ersten Gartenjahren kommt es einem merkwürdig vor, bei solchem Wetter schon Vorbereitungen für Herbst, Winter oder gar die nächste Wuchssaison zu treffen. Doch die Hochsommerperiode geht rasch in den Spätsommer über. Selbst wenn der bis in den September hinein sonnig bleibt, fängt man abends auf der Terrasse an zu frösteln und morgens glitzern auf den Pflanzen die Tautropfen.

Feine Sache: Gründüngung

Wo bereits Beetflächen frei werden, die man erst wieder im Frühjahr braucht, ist die Einsaat einer Gründüngung überaus empfehlenswert. Dies kann je nach Pflanzenart teils noch bis September geschehen. Infrage kommen z. B. Pflanzen wie Bienenfreund *(Phacelia)*, Senf, Sonnenblumen, Ölrettich und vor allem Leguminosen wie Inkarnatklee, Winterwicken oder Lupinen.

➤ Gründüngungspflanzen, auch in Saatmischungen erhältlich, schließen mit ihren Wurzeln tiefere Bodenschichten auf und liefern beim Verrotten gutes Material für die Humusbildung – eine regelrechte Bodenkur also.

➤ Leguminosen reichern den Boden mit Stickstoff an.

➤ Manche Ölrettichsorten und Ringelblumen wirken gegen schädliche Bodennematoden.

Vor der Gründüngungssaat wird die Fläche mit Grabgabel und Hacke gut gelockert, nach dem Einsäen bis zum Aufgang der Samen gut feucht gehalten. Viele Arten frieren über Winter ab, die Reste werden dann im zeitigen Frühjahr oberflächlich eingearbeitet. Bei winterharten Pflanzen wie z. B. Senf muss man durch Abmähen im Frühjahr nachhelfen.

➤ Vorsicht, wo im nächsten Jahr Kohl gepflanzt werden soll, darf man weder Senf noch Ölrettich oder Raps als Gründüngung nehmen. Auch sie gehören zu den Kreuzblütlern und könnten »familientypische« Krankheiten fördern.

Raublattastern und andere Spätblüher gestalten den allmählichen Abschied vom Sommer angenehmer.

Blütenpracht fürs nächste Jahr

Stauden, also ausdauernde, krautige Pflanzen, bieten eine unentbehrliche Fülle von Einsatz- und Gestaltungsmöglichkeiten: Zu dieser Pflanzengruppe gehören prächtige Beetblumen, zarte Schattengewächse, wüchsige Bodendecker, Farne und mehrjährige Ziergräser. Auch die ausdauernden Zwiebelblumen werden zu den Stauden gerechnet; denn deren gemeinsames Kennzeichen sind verdickte Wurzeln oder andere Speicherorgane, die ihnen helfen, den Winter zu überdauern und neu auszutreiben.
Die meisten Stauden sind nicht nur langlebig, sondern auch pflegeleicht und lassen sich zudem durch Teilung recht einfach vermehren.

Stauden verjüngen und vermehren

Wenn sich Stauden einige Jahre an ihrem Standort etabliert haben, bilden sie oft dichte Stöcke mit entsprechendem Wurzelwerk. Aus diesen kann man neue Pflanzen gewinnen, indem man sie mitsamt Wurzeln längs in Stücke zerteilt, die unmittelbar danach an gewünschter Stelle eingesetzt werden. Bei manchen Arten lassen sich die Teilstücke vorsichtig mit den Händen auseinander ziehen, ansonsten behilft man sich mit dem Messer oder – bei kräftigem Wurzelwerk – mit einem Spaten. Das Teilen und Wiedereinsetzen ist für viele Beetstauden auch eine wichtige Verjüngungsmaßnahme, die neue Blühfreude fördert und alle paar Jahre durchgeführt werden sollte.
Die meisten Stauden sollten im Herbst nach dem Rückschnitt oder im zeitigen Frühjahr geteilt werden, früh blühende Arten bereits im August oder gleich nach der Blüte.

Frühjahrsblüher einsetzen

Im Spätsommer geht man am besten auch geplante Neuanlagen an, damit bis zur Hauptpflanzzeit im September/Oktober alles vorbereitet ist. Zudem müssen nun für frühe Blütenpracht im nächsten Jahr die Zwiebeln von Narzissen, Kaiserkrone und Märzenbecher in die Erde kommen. Mit den anderen Frühjahrsblühern kann man noch bis zum Herbst warten. Für den lässt sich jetzt übrigens auch sehr schön vorsorgen, indem man Herbstzeitlose und herbstblühende Krokusse einsetzt.

Pflanzenzuwachs durch Teilen
Die Teilstücke älterer Stauden werden nach dem Abtrennen gleich wieder eingepflanzt.

Beete und Rabatten bepflanzen

Unter Beeten versteht man im allgemeinen quadratische oder rechteckige, von allen Seiten zugängliche Pflanzflächen. Rabatten dagegen sind lang gezogen und oft schmal, z. B. Pflanzstreifen, die Wege säumen. Häufig sind Rabatten nur einseitig ausgerichtet, etwa wenn sie sich an einer Hauswand entlang ziehen.
Es empfiehlt sich, vor dem Anlegen einer Pflanzung zunächst Blütezeiten und Wuchshöhen aller gewünschten Arten in einer Übersicht festzuhalten und einen Pflanzplan zu erstellen. Die wichtigsten Voraussetzungen für eine dauerhaft schöne Pflanzung sind:

- das Beachten der Standortansprüche aller verwendeten Arten,
- das Einhalten der notwendigen Pflanzabstände.

Für eine wirkungsvolle Pflanzung ist es wichtig, die Blütezeiten aufeinander abzustimmen und dafür zu sorgen, dass sich der Hauptflor nicht nur auf einen Monat beschränkt. Andererseits: Ein Beet, auf dem zu jeder Jahreszeit ein bisschen was blüht, befriedigt auch nicht so recht.
Bei kleineren Flächen konzentriert man die Pflanzenauswahl vorteilhaft auf zwei Blütenhöhepunkte im Jahr, z. B. im Frühling und Hochsommer.

Höhenstaffelung und Gruppenbildung sind einfache, aber wirkungsvolle Gestaltungsprinzipien für Staudenrabatten.

Die anderen Jahreszeiten können benachbarte Rabatte oder Blütengehölze mit ihrem Flor übernehmen.

Pflanzgruppen bilden

Bei der Pflanzenzusammenstellung beginnt man zunächst mit den so genannten Leitstauden. Für diese Rolle kommen große, auffällig und lang blühende Arten wie Rittersporn oder Hoher Phlox in Frage. Sie bilden, einzeln oder in kleinen Gruppen gepflanzt, das Gerüst der Pflanzung. Ihnen stellt man etwas niedrigere, farblich abgestimmte Begleiter zur Seite, z. B. Mädchenauge oder Feinstrahl. Dazu kommen schließlich kleine oder polsterartige Füllstauden wie Hornveilchen oder niedrige Glockenblumen. Begleiter und Füllpflanzen werden mit wenigstens drei, besser noch fünf und mehr Exemplaren gruppiert, damit sie richtig zur Geltung kommen. So ergeben sich harmonische Pflanzengruppen, die man in lockerer Anordnung und mit kleinen Variationen mehrmals auf der Fläche wiederholt. Durch dieses Prinzip der Pflanzenzusammenstellung sind auch gleich die Wuchshöhen aufeinander abgestimmt. Hierbei zeigt sich dann auch wieder der Unterschied zwischen einem Beet, bei dem die großen Leitstauden eher in der Mitte konzentriert sind, und einer einseitigen Rabatte, bei der die Höhen von hinten nach vorn gestaffelt werden. Einige Tipps und anschauliche Beispiele für die Farbgestaltung finden Sie auf den Seiten 72–73. Sie lassen sich auf Stauden ebenso anwenden wie auf die dort vorgestellten Sommerblumen-Kombinationen.

Gemüse und Obst ernten

Kurzinformation

Lagerung von Gemüse und Obst

optimale Lagerbedingungen:
- hohe Luftfeuchte
- kühl (3–5 °C)
- dunkel
- lüftbarer Raum

Lagerung von Wurzelgemüse:
- im Keller in Kisten mit feuchtem Sand
- im Frühbeet in Sand einschlagen, Frühbeetfenster abdecken
- in Erdgruben im Freien (mit Maschendraht als Mäuseschutz auslegen)

Lagerung von Obst:
- in Obstregalen
- in flachen, mit Holzwolle ausgelegten Kisten
- Äpfel nicht mit anderem Obst und Gemüse zusammenlagern

Nachsorge:
- wöchentlich kontrollieren
- Faulendes auslesen
- bei frostfreiem Wetter lüften
- durch Aufstellen von Wasserschalen Luftfeuchte erhöhen

Lauch und Wurzelgemüse ernten

Wer voll Vorfreude zum ersten Mal schön gewachsene Möhren, Rettiche oder Lauchstangen ernten will, erlebt manchmal eine böse Überraschung: Gerade aus trockenem Boden lässt sich das Erntegut nur schwer herausziehen, und bei zu viel Kraftaufwand kommt es leicht zu Beschädigungen. Wesentlich besser geht es, wenn man die Grabegabel neben den Pflanzen einsticht und die Erde durch vorsichtiges Hin- und Herrütteln lockert.

Zwiebeln mögen es luftig

Auch Zwiebeln lassen sich mit der Grabegabel gut aus der Erde holen. Zwiebeln sollten geerntet werden, wenn das bräunlichgelb gewordene Laub umknickt. Wenn es nicht regnet, lässt man die Zwiebeln nach dem Herausziehen am besten noch ein paar Tage auf dem Beet abtrocknen. Ein geschützter, luftiger Platz ist der beste Aufbewahrungsort. Hängt man sie dort gebündelt an Schnüren auf, dann halten sie sich recht lange.

Mit dem Ernten ist es oft nicht getan. Neben dem Lagern rücken nun auch Konservierungsmethoden wie Einfrieren und Einkochen ins Blickfeld.

Tomatenernte sichern

Mit der Ausreife der letzten Tomatenfruchtstände wird es oft schon im September kritisch. Wenn die Temperaturen unter 12 °C fallen, geht es kaum noch voran. Dann sollten Sie die Fruchtstände mit einer Plastikschutzhaube versehen, die jedoch an warmen Tagen wieder abgenommen werden muss. Dies ist zwingend nötig, weil das Kondenswasser unter der Haube die Kraut- und Fruchtfäule fördert, die schon ab Juli auftreten kann. Von der Krautfäule befallene Früchte und Blätter sind braunfleckig und müssen umgehend entfernt werden.

Schutz vor Vögeln

Außerhalb der Fruchtzeit sind Vögel im Obstgarten gern gesehene Gäste, weil sie eifrig Insekten vertilgen. Wenn jedoch die Ernte heranreift, ist man über ihren Besuch gar nicht so erfreut. Beerensträucher und kleine Bäume lassen sich gut mit Netzen schützen. Man sollte sie jedoch öfter kontrollieren und Vögel, die sich darin verfangen haben, befreien. Ansonsten halten in den Ästen aufgehängte Silberfolienstreifen und Vogelscheuchen, die man fantasievoll und attraktiv gestalten kann, gefiederte Mitesser fern.

Kernobsternte

Als erster Anhaltspunkt für die Reife gilt vor allem bei Äpfeln die sortentypische Ausfärbung der Früchte. Dann prüft man, ob sich die Fruchtstiele schon bei leichter Drehung der Frucht vom Zweig lösen lassen. Schließlich sollten auch die Kerne braun gefärbt sein. Ein Geschmackstest dagegen besagt nicht allzu viel. Denn Birnen werden – abgesehen von Spätsorten – hart geerntet und entfalten erst nach einigen Tagen ihr Aroma. Der Unterschied zwischen Pflück- und Genussreife ist bei Äpfeln noch viel ausgeprägter: 'Jonagold' z. B. schmeckt erst nach 1–2 Monaten Lagerung richtig gut

Expertentipp

Grün gepflückte Tomaten an dunklem, warmem Platz nachreifen lassen.

Spätsommer- und Herbstblüher

Spätblüher für sonnige Plätze

Name	Höhe	Blütenfarbe Blütezeit
Raublattaster *(Aster novae-angliae)*	80–160 cm	rosa, rot, blau, weiß September–Oktober
Glattblattaster *(Aster novi-belgii)*	60–140 cm	rosa, rot, blau, weiß September–Oktober
Bartblume *(Caryopteris x clandonensis)*	80–100 cm	blau September–Oktober
Sonnenhut *(Rudbeckia fulgida* var. *sullivantii)*	60–80 cm	gelb August–September

Spätblüher für sonnige bis halbschattige Plätze

Herbstzeitlose *(Colchicum autumnale)*	15–30 cm	rosa, violett, weiß August–Oktober
Herbstkrokus *(Crocus medius)*	7–10 cm	violett Oktober–November
Herbstkrokus *(Crocus speciosus)*	10–15 cm	violett, weiß September–November

Spätblüher für halbschattige bis schattige Plätze

Herbsteisenhut *(Aconitum carmichaelii)*	80–100 cm	blau September–November
Knollen-begonien *(Begonia-Tuber-hybrida*-Gruppe)	15–60 cm	viele Farbtöne Mai–Oktober
Oktober-Silber-kerze *(Cimicifuga simplex)*	100–140 cm	weiß September–Oktober
Greiskraut *(Ligularia dentata)*	100–150 cm	gelb August–Oktober

Herbstanemone

Anemone hupehensis

Höhe: 50–100 cm; locker, buschig
Blütezeit: August – Oktober
Schattenstaude

➤ **schön am Gehölzrand**

Blüten: rosa, in lockeren Rispen; 'Japonica'-Varietäten auch weiß, rot, lila, teils mit gefüllten Blüten; **Boden:** humos, nährstoffreich, durchlässig; **Pflege:** im Frühjahr mit 40 cm Abstand an etwas geschützte Stellen pflanzen; in den ersten Jahren im Herbst mit Winterschutz versehen; zurückhaltend gießen, verträgt keine Staunässe; mulchen, nicht hacken; verbreitet sich über Ausläufer, die man gelegentlich eindämmen muss; **Gestaltung:** in kleinen Gruppen unter oder vor Gehölzen pflanzen; auch für schattige Rabatten

Gute Nachbarn
Eisenhut, Farne, Funkien, Schattengräser, Silberkerze

Kissenaster

Aster dumosus

Höhe: 20–50 cm; teppichartig
Blütezeit: August – Oktober
Polsterstaude

➤ **leuchtender Herbstschmuck**

Blüten: rosa, rot, blau, violett, weiß, in stark verzweigten Blütenständen; **Boden:** humos, nährstoffreich; **Pflege:** im Frühjahr mit genügend Abstand (50 cm) setzen, da sich die Pflanzen durch kriechende Wurzelstöcke ausbreiten; mäßig feucht halten; nach der Blüte ebenerdig zurückschneiden; jährlich nach Austrieb mit Kompost oder organischem Dünger versorgen; **Gestaltung:** attraktive Farbtupfer in Rabatten, Steingärten, vor Terrassen; auch als Einfassung oder in Farbkombinationen flächig auf Beeten

Gute Nachbarn
späte Margeriten, Sonnenbraut, Sonnenhut

Neben diesen attraktiven Herbststauden bringen auch etliche Sommerblumen noch Farbe in den Garten – viele blühen bis zum Frostbeginn.

Dahlie

Dahlia-Hybriden
Höhe: 30–150 cm; aufrecht, buschig
Blütezeit: Juli – Oktober
nicht winterharte Knollenpflanze

➤ **gewaltige Sortenvielfalt**

Blüten: alle Farben außer Blau und Schwarz, je nach Sorte 5–30 cm Ø; Gruppeneinteilung nach verschiedenen Blütenformen, z. B. Kaktus-, Halskrausendahlien; **Boden:** durchlässig, nährstoffreich; **Pflege:** ab Mitte Mai Knollen 5–10 cm tief pflanzen; mäßig gießen, Kompost geben; hohe Sorten stützen; Verblühtes entfernen; nach dem ersten Frost zurückschneiden, Knollen herausnehmen, frostfrei überwintern; **Gestaltung:** niedrige Sorten für Einfassungen, in Beeten, hohe Sorten auch einzeln als Blickfang

Gartenchrysantheme

Dendranthema x *grandiflorum*
Höhe: 40–80 cm; aufrecht, buschig
Blütezeit: August – Oktober
Beetstaude

➤ **intensive Farbtöne**

Blüten: alle Farben außer Blau und Schwarz; einfach, halb gefüllt oder gefüllt; **Boden:** nährstoffreich, durchlässig, kalkhaltig; **Pflege:** im Frühjahr mit 50 cm Abstand pflanzen; mäßig gießen, verträgt keine Staunässe; ab Frühjahr bis Sommer mehrmals Kompost oder organischen Dünger geben; nach der Blüte ebenerdig zurückschneiden, mit Laub und Reisig abdecken; **Gestaltung:** für Beete und Rabatten; leuchten schön vor Wänden und immergrünen Gehölzen

Sonnenbraut

Helenium-Hybriden
Höhe: 60–120 cm; aufrecht, buschig
Blütezeit: Juli – Oktober
Beetstaude

➤ **anspruchslos und blühfreudig**

Blüten: gelb, gelbbraun, rot; Hauptblütezeit je nach Sorte unterschiedlich; **Boden:** normaler, nährstoffreicher Gartenboden; **Pflege:** im Frühjahr oder Herbst pflanzen; bei Trockenheit kräftig gießen; hohe Sorten stützen; Verblühtes entfernen; nach der Blüte bis 10 cm über dem Boden zurückschneiden; im Frühjahr Kompost geben; **Gestaltung:** in kleinen oder größeren Gruppen auf Beeten und Rabatten; hohe Sorten als Leitstauden, niedrige als schöne Begleiter für Rittersporn, Lilien oder Phlox

Expertentipp
Ganz ähnlich werden Gladiolen und Knollenbegonien kultiviert.

Expertentipp
Blüht bei ausbleibendem Frost bis in den Winter hinein.

Arbeitskalender Juli/August

Juli

Allgemeine Gartenarbeiten

Gießen, jäten, hacken, mulchen – dies besonders gründlich, wenn eine Urlaubsreise bevorsteht. Mitte Juli Blumenwiese mähen; Rasen kann nochmals gedüngt werden. Auf Anzeichen von Schädlingen und Krankheiten achten; besonders Blattläuse und Schmetterlingsraupen sind jetzt recht aktiv.

Arbeiten im Blumen- und Staudengarten

Bis Mitte des Monats noch zweijährige Sommerblumen, z. B. Stiefmütterchen, vorziehen. Bei Bedarf Stauden (Containerware) nachpflanzen. Hohe Stauden aufbinden oder stützen, ebenso große Sommerblumen. Welke Blüten regelmäßig entfernen, verblühte Stauden zurückschneiden. Lang blühende Sommerblumen nochmals düngen.

Arbeiten im Gemüse- und Kräutergarten

Weiterhin Folgesaaten von Salat (Spätsorten), Radieschen, Rettich und Mangold, ebenso Pflanzung von Lauch, Kohlrabi, Eis- und Kopfsalat. Auch spezielle Wintergemüse wie Grünkohl, Chinakohl und Endivien werden jetzt gepflanzt. Kohl, Lauch, Tomaten anhäufeln, Stabtomaten immer wieder aufbinden und ausgeizen (Achseltriebe ausbrechen). Reifes Gemüse ernten, Kräuter zum Trocknen schneiden.

Arbeiten an Zier- und Obstgehölzen

Hecken schneiden. Welke Rosenblüten sowie Wildlingstriebe bei Rosen, Flieder und anderen veredelten Gehölzen entfernen. Obstgehölze bei Trockenheit gründlich wässern, Fallobst regelmäßig aufsammeln und entfernen, verhindert Schädlingsbefall. Reifes Stein- und Beerenobst pflücken, restliche Früchte mit Vogelnetzen schützen. Abgeerntete Bäume und Sträucher auslichten.

Bei großer Hitze sollte man schwere Gartenarbeiten ruhen lassen – nichts ist so dringend, dass man Sonnenbrand oder Kreislaufprobleme riskieren muss.

August

Allgemeine Gartenarbeiten

Auf frei gewordenen Flächen Gründüngung einsäen. Ansonsten nach wie vor regelmäßig gießen, jäten, hacken, mulchen, auf Schädlinge und Krankheiten achten. Ab Ende August kann Rasen eingesät werden.

Arbeiten im Blumen- und Staudengarten

Verblühtes regelmäßig entfernen, hohe Herbstblüher stützen, verblühte Stauden zurückschneiden. Neue Staudenpflanzungen planen. Früh blühende Stauden teilen und verpflanzen. Zwiebeln von Narzissen, Kaiserkrone, Märzenbecher, Madonnenlilie, Herbstzeitlosen und Herbstkrokussen stecken.

Arbeiten im Gemüse- und Kräutergarten

Radieschen, Rettich und Kresse können noch gesät werden, dazu kommen jetzt Feldsalat und Spinat. Salatsorten für Herbstanbau säen und pflanzen, letzten Kohlrabi setzen; letzten Grünkohl und Lauch am Monatsanfang pflanzen. Stabtomaten aufbinden, ausgeizen, Spitze des Haupttriebs nach fünftem oder sechstem Fruchtstand kappen. Reifes Gemüse, z. B. Zwiebeln, rechtzeitig ernten.

Arbeiten an Zier- und Obstgehölzen

Bei längerer Trockenheit auch Bäume und Sträucher durchdringend wässern. Verblühtes bei Rosen regelmäßig wegschneiden. Reife Äpfel, Birnen, Stein- und Beerenobst pflücken. Schwer mit Früchten behangene Zweige stützen. Fallobst aufsammeln. Abgeerntete Steinobstbäume und Beerensträucher auslichten. Fruchttriebe bei Kiwis einkürzen. Erdbeeren pflanzen.

Gartenausklang

Gartenausklang

September

Die Pflegearbeiten werden weniger, dafür nehmen die Pflanzarbeiten zu, wenn neue Gehölze und Stauden das nächste Gartenjahr zieren sollen.

Der September – noch ein Bewerber um den Titel des »schönsten Gartenmonats«. Wenn der Frühherbst mit einer stabilen Hochdruckwetterlage einhergeht, bietet der September herrliche Gartenerlebnisse. Warme, aber milde Sonnenstrahlen machen den Aufenthalt draußen sehr angenehm und setzen Spätblüher, erste Herbstfarben und Erntefrüchte ins rechte Licht.

Jetzt Gehölzpflanzungen planen

Die Hauptpflanzzeit für Laub abwerfende Sträucher und Bäume liegt im Spätherbst. Da einen diese langlebigen Gartenbewohner über viele Jahre begleiten werden, tut man gut daran, Pflanzungen früh in die Wege zu leiten. Noch etwas drängender ist dies bei Nadelgehölzen und immergrünen Laubgehölzen. Sie werden bereits im September gesetzt, damit sich die Wurzeln im noch warmen Boden gut entwickeln, um die Blätter über Winter mit Wasser versorgen zu können.
Zur Vorbereitung gehört zunächst die sorgfältige Auswahl geeigneter Arten je nach Standortbedingungen. Beachten Sie dabei vor allem auch die spätere Endgröße, die Eigenschaften verschiedener Sorten und nicht zuletzt die örtlich vorgeschriebenen Grenzabstände für größere Gehölze.

Obstbäume im Garten

Wenn Obstgehölze den Garten bereichern sollen, sind einige zusätzliche Punkte zu beachten.

➤ Zunächst muss man sich für eine passende Baumform entscheiden (siehe Seite 116–117). Dabei kommen für Gärten üblicher Größe hauptsächlich Busch- oder Spindelbuschbäume infrage, die auch nach Jahren kaum größer und breiter als 2 m werden.

➤ Bei Apfel, Birne sowie einigen Pflaumen- und Süßkirschensorten muss man berücksichtigen, dass sie sich nicht selbst befruchten können und eine passende zweite Sorte als Pollenspender brauchen. Wo in der näheren Umgebung andere Obstbäume stehen, ist das kein Problem. Andernfalls sollte man – nach gründlicher Beratung in der Baumschule – eine passende Zweitsorte dazupflanzen.

Nicht alle Äpfel schmecken frisch vom Baum. Das Aroma entfaltet sich oft erst nach längerer Lagerung.

Fruchtbarer Kompost

Wenn im Herbst die Beete geräumt und Stauden zurückgeschnitten werden, kommen schon allerhand Abfälle – oder besser: Kompostrohstoffe – zusammen. Sorgt man für eine gute Verrottung des Materials, dann erhält man ein wertvolles und dabei kostenloses Bodenverbesserungs- und Düngemittel. Das Wort »Rotte« bezeichnet den Prozess, bei dem Kleintiere und Mikroorganismen die Ausgangsmaterialien in günstige Humusstoffe umbauen, auch Vererdung genannt. Im Gegensatz dazu steht die Fäulnis, die bei zu wenig Sauerstoffzufuhr und viel Nässe zu Produkten führt, die die Nase beleidigen und den Pflanzen schaden können.

Kompost am richtigen Platz

Am günstigsten wird der Kompostplatz in einer leicht beschatteten, aber nicht gar zu dunklen Ecke unter Sträuchern angelegt. Findet sich nur eine sonnige Stelle, kann man Kürbisse oder Kapuzinerkresse daneben pflanzen. Das sieht nicht nur schön aus, wenn das Blattwerk den Kompost überzieht, sondern bewahrt diesen auch im Hochsommer vor dem Austrocknen. Raum sparender als Kompostmieten sind Holzbehälter, wie sie Bau- und Gartenmärkte anbieten, am besten mit Brettern zum Einhängen, die sich je nach Füllhöhe auflegen oder abnehmen lassen. Am praktischsten ist es, wenn man drei solcher Boxen nebeneinander unterbringen kann: In einer werden die Abfälle gesammelt, in der zweiten ordentlich aufgesetzt und schließlich in die dritte Box umgeschichtet, wo dann der verwendbare Kompost heranreift.

➤ Der Kompost muss unbedingt Verbindung mit dem Erdreich haben, damit die Bodenorganismen, die die Rottearbeit leisten, ungehindert Zugang haben.

Kompostmaterialien

Dass normale Haushaltsabfälle nicht auf den Kompost gehören, versteht sich von selbst. Geeignet sind dagegen aber die meisten Garten- und Küchenabfälle.

Folgende Materialien sollten jedoch nicht auf den Kompost kommen:

➤ Fleisch- und Fischabfälle, Knochen
➤ Öle und Fette
➤ farbig bedrucktes und Hochglanzpapier
➤ Katzenstreu, Haustierkot
➤ Reste von Pflanzenschutzmitteln
➤ Samen tragende Unkräuter und Wurzeln hartnäckiger Unkräuter wie Quecke, Giersch oder Winde
➤ kranke Pflanzen und Pflanzenteile

Zu behandelten Zitrusfruchtschalen hört man unterschiedliche Meinungen. Wenn sie nicht in allzu großen Mengen auf den Kompost kommen, gibt es erfahrungsgemäß keine Probleme.

Es empfiehlt sich, schon beim Sammeln größere Mengen von Rasenschnitt, Laub oder Küchenabfällen mit gröberem Material zu vermischen, um die Luftzufuhr zu verbessern – andernfalls droht Fäulnis oder gar Schimmel. Umgekehrt verrotten Gehölzschnitt, Stauden- oder Kohlstängel nur gut, wenn man sie vorher zerkleinert.

Kostenloser Dünger

Reifer Kompost kann während der Wachstumszeit zwischen den Pflanzen ausgebracht werden.

Aufbau des Komposthaufens

Beim Aufsetzen der gesammelten Abfälle (siehe Zeichnung) kommt zuunterst eine 20–30 cm hohe Schicht aus Gehölzschnitt, die als Dränage dient. Darüber werden die restlichen Abfälle in etwa 20 cm hohen Lagen geschichtet, mit jeweils einer Schicht Gartenerde oder – noch besser – reifen Komposts dazwischen. Die im Kompost befindlichen Mikroorganismen sorgen optimal für die gewünschte Zersetzung. Auch die Zugabe von etwas Ge-

Schichtung eines Komposthaufens: Wichtig ist das Vermischen von feinem mit gröberem Material.

steinsmehl oder Algenkalk ist günstig. Zuletzt wird das aufgesetzte Material dann mit einer weiteren Schicht Erde abgedeckt.
Sobald der Kompost deutlich zusammengesunken ist, kann man ihn umsetzen. Die damit verbundene Durchmischung und Luftzufuhr fördert die weitere Rotte. Je nach Ausgangsmaterial und Rottebedingungen dauert es etwa 6–12 Monate, bis der Kompost vollständig vererdet ist.
Beim Aufsetzen im Herbst legen die Organismen eine »Winterpause« ein, im Frühjahr aufgesetztes Material verrottet etwas schneller.

Kompostverwendung

Ungefähr 3–4 Monate nach dem Aufsetzen enthält der Kompost zwar noch recht grobe Bestandteile, ist aber schon deutlich humos.
➤ Solchen Frischkompost kann man zum Abdecken freier Beetflächen vor dem Winter verwenden, ebenso zum Mulchen zwischen bereits gut entwickelten, nährstoffliebenden Pflanzen (etwas Abstand halten, den Kompost nicht direkt bis an den Wurzelhals heranziehen).
➤ Für alle Pflanzen verträglicher ist der völlig vererdete Reifekompost, der sich durch krümelige Beschaffenheit und einen angenehmen Geruch nach frischer Walderde auszeichnet. Man kann ihn – nach Absieben über einen Kompostdurchwurf – zu allen Jahreszeiten rund um Pflanzen und auf Beeten ausbringen, wo er dann oberflächlich eingearbeitet, aber nicht untergegraben wird (siehe auch Seite 114–115).

Bodenlockerung und Beetvorbereitung

Kurzinformation

Umgraben

Empfehlenswert bei:

Neuanlage von Beeten;
tonhaltigen, schlecht durchlüfteten Böden;
starker Verunkrautung (Wurzeln gründlich entfernen);
großen Schneckenproblemen (dann erst im Winter umgraben)

Zeitaufwand:

15–20 Minuten je m²

Schonende Lockerung

Empfehlenswert bei:

humusreichen Böden;
leichten Böden;
mit Humus und Sand verbesserten Tonböden

Zeitaufwand:

20–30 Minuten je m²

Kompostmengen

Faustzahlen:

allgemein: 10 Liter pro m² und Jahr, das entspricht einer Schichthöhe von 1 cm;
für Zier- und Obstgehölze: bis zu 20 Liter pro m²

Umgraben: der erste Spatenstich
Zunächst werden größere Pflanzenreste mit Hacke und Rechen entfernt und auf den Kompost gebracht. Heben Sie dann, am Beetrand beginnend, einen spatentiefen Graben aus und verteilen Sie die ersten Spatenstiche nach hinten über die Fläche. Das Spatenblatt sollte möglichst tief eingestochen werden, wobei man am besten durch Auftreten mit dem Fuß (wichtig: feste Schuhsohlen!) nachhilft.

Umgraben: Wenden der Schollen
Angrenzenden Boden in gerader Linie abstechen. Die Schollen werden im ersten Graben abgelegt und dabei gewendet, so dass die Unterseite nach oben zeigt. Auf diese Weise füllt man – stets rückwärts arbeitend – jeweils den vorherigen Graben mit den Bodenschollen des nächsten. Lesen Sie dabei Steine und vor allem Unkrautwurzeln sorgfältig aus. Die Schollen lässt man ohne weitere Bearbeitung über den Winter liegen. Sie werden dann bei Frosteinwirkung zerkleinert. Die Nachbearbeitung geschieht im Frühjahr mit Hacke und Kultivator.

Die tief reichende Bodenlockerung wird am besten im Herbst durchgeführt, damit sich der Boden bis zum Frühjahr setzen kann.

Schonend lockern mit Grabegabel
Die schonende Lockerung ist nicht ganz so anstrengend wie das Umgraben. »Schonend« bezieht sich dabei aber weniger auf den Rücken als auf das Bodenleben. Dieses wird durch Umgraben empfindlich gestört; es dauert danach einige Zeit, bis Regenwürmer und Mikroorganismen wieder optimalen Humusaufbau betreiben können. Bei schonender Bearbeitung verzichtet man auf das Wenden. Man sticht die Grabegabel im Abstand von 10 cm in den Boden und rüttelt sie vor und zurück. Auch hier kommt es darauf an, das Blatt möglichst ganz einzustechen, um eine tief reichende Lockerung zu gewährleisten.

Schonend lockern: Nachbearbeitung
Ein praktisches Gerät für die Nachbearbeitung ist der Sauzahn mit nur einem, sehr kräftigen, rundlichen Zinken. Das Gerät wird zunächst in einer Richtung diagonal zur Beetkante durch den Boden gezogen, dann führt man dasselbe nochmals im rechten Winkel zur ersten Arbeitsrichtung durch. Bei sehr humusreichem, lockerem Boden kann man sogar auf die vorherige Grabegabelarbeit verzichten. Wo sie jedoch nötig ist, lässt sich die Nachbearbeitung auch mit einem mehrzinkigen Kultivator oder Grubber durchführen. In diesem Arbeitsgang liest man dann natürlich auch gründlich alle Unkrautwurzeln aus.

Kompost ausbringen
Auf den gelockerten Boden eine etwa 1 cm hohe Schicht Kompost auftragen. Zum Bemessen der Menge (siehe Kurzinformation) ist ein 10-Liter-Eimer ganz praktisch. Bei Verwendung von halbreifem Frischkompost sollte man etwas vorsichtiger dosieren. Wo im nächsten Jahr Wurzelgemüse und Schwachzehrer wie Bohnen wachsen sollen, verwendet man besser nur Reifekompost.
Kompost mit einem Kultivator oberflächlich einarbeiten, danach kann man das Beet noch mit Herbstlaub mulchen. Die Mulchschicht mindert das Auffrieren des Bodens und aktiviert im Frühjahr zeitig das Bodenleben.

Expertentipp
Gelockerten Boden nicht mehr betreten, immer rückwärts arbeiten.

Querverweise
Boden und Düngung Seite 36–37
Fruchtbarer Kompost Seite 112–113

Obstbäume für kleine Gärten

Baumformen

Bezeichnung	Stammhöhe
Buschbaum	40–60 cm
Spindelbusch (schmale Buschform)	40–80 cm
Niederstamm, Meterstamm	80–100 cm
Halbstamm	100–120 cm
Hochstamm	160–180 cm

Bewährte Obstsorten

Obstart	Sorten
Apfel	'Alkmene', 'Berlepsch', 'Boskoop', 'Cox Orange', 'Gravensteiner', 'James Grieve', 'Jonagold', 'Retina', 'Summerred'
Birne	'Alexander Lucas', 'Clairgeau', 'Conference', 'Gellerts Butterbirne', 'Williams Christ'
Pfirsich	'Red Haven', 'Rekord von Alfter', 'Roter Ellerstädter'
Pflaume	'Althans Reneklode', 'Bühler Frühzwetsche', 'Czar', 'Mirabelle von Nancy', 'Ontario-Pflaume'
Sauerkirsche	'Ludwigs Frühe', 'Morellenfeuer', 'Schattenmorelle'

Weitere Obstarten

Name/Hinweis	Pflanzabstand	Erntezeit
Aprikose sehr frostempfindlich	4–6 m	Juni–August
Quitte Früchte nur verarbeitet genießbar	3–6 m	Oktober
Süßkirsche wird recht groß	5–10 m	Mai–Juli

Apfel

Malus domestica

Pflanzabstand: 2–10 m

Erntezeit: August – November

alle Baumformen

➤ resistente Sorten bevorzugen

Anbau: vorzugsweise im Herbst pflanzen; kleine Formen auch als Hecken und am Spalier; andere Apfelsorten als Pollenspender nötig; **Boden:** normaler, humoser Gartenboden; **Pflege:** Baumscheibe von Unkraut frei halten, mulchen; im Frühjahr düngen, bei langer Trockenheit kräftig gießen; Schnitt im Spätwinter oder Spätherbst; **Ernte:** Pflückreife je nach Sorte, die früheste Sorte 'Klarapfel' bereits im Juli; Lagersorten wie 'Ontario' munden oft erst zwei oder mehr Monate nach dem Pflücken (siehe auch Seite 103)

Sauerkirsche

Prunus cerasus

Pflanzabstand: 4–6 m

Erntezeit: Juni – August

alle Baumformen

➤ robuste Obstart

Anbau: Herbstpflanzung günstig; leicht beschatteter Platz möglich; **Boden:** normaler Gartenboden; **Pflege:** recht anspruchslos, aber freie, gemulchte Baumscheibe vorteilhaft; Kompostgaben im Frühjahr; bei Trockenheit kräftig gießen; dürre Triebspitzen (*Monilia*-Krankheit) bis ins gesunde Holz zurückschneiden; nach der Ernte auslichten, abgetragene Fruchttriebe entfernen; oft mit Hohlkrone (ohne Mittelast) gezogen; **Ernte:** die je nach Sorte verschiedenen Reifezeiten werden in 7 »Kirschwochen« unterteilt

Expertentipp

Die sehr schmalen Ballerina-Säulenäpfel brauchen besonders wenig Platz.

Expertentipp

Mulch bei allen Obstbäumen erst nach den letzten Spätfrösten aufbringen.

Fast alle Obstgehölze sind auf Unterlagen veredelt, die ihre Wuchseigenschaften mehr beeinflussen als die aufgepfropfte, Frucht liefernde Edelsorte.

Pflaume, Zwetschge

Prunus domestica

Pflanzabstand: 3–8 m
Erntezeit: Juli – Oktober
alle Baumformen

➤ große Sortenunterschiede

Anbau: Herbstpflanzung günstig, möglichst an windgeschützte Stelle; einige Sorten brauchen Pollenspender; zur Pflaume gehören auch Mirabellen und Renekloden; **Boden:** normaler Gartenboden, auch kalkhaltig; **Pflege:** Baumscheibe frei halten; mulchen; im Frühjahr düngen; bei Trockenheit gießen; Auslichtungsschnitt nach der Ernte, abgetragene Fruchttriebe entfernen; Erziehung mit Hohlkrone (ohne Mittelast) vorteilhaft; **Ernte:** Erntezeit je nach Sorte; am Baum reifen lassen, mehrmals durchpflücken

Pfirsich

Prunus persica

Pflanzabstand: 4–6 m
Erntezeit: Juli – September
Busch, Niederstamm, Halbstamm

➤ wärmebedürftig, frostempfindlich

Anbau: nur im Frühjahr pflanzen; warmer, geschützter Platz; bevorzugt als Spalier an Südwand; **Boden:** humos, tiefgründig, gut durchlässig; **Pflege:** Baumscheibe frei halten; mulchen; im Frühjahr und nach der Blüte düngen; bei Trockenheit kräftig gießen; Schnitt nach der Ernte, abgetragene Fruchttriebe entfernen; im Frühjahr kräftige, dicht mit Knospen besetzte Fruchttriebe einkürzen; **Ernte:** am Baum vollreif werden lassen, mehrmals durchpflücken; hierzu gehören auch die glattschaligen Nektarinen

Birne

Pyrus communis

Pflanzabstand: 2–8 m
Erntezeit: August – Oktober
alle Baumformen

➤ braucht mehr Wärme als Apfel

Anbau: vorzugsweise im Herbst an warmen, geschützten Platz pflanzen; günstig als Fächerspalier an wärmender Hauswand; Pollenspendersorte nötig; **Boden:** humos, tiefgründig, kalkarm; **Pflege:** Baumscheibe frei halten; mulchen; im Frühjahr düngen; bei Trockenheit durchdringend gießen; Schnitt im Spätwinter oder Spätherbst, Mittel- und Leittriebe öfter einkürzen; **Ernte:** Birnen pflückt man, wenn sich der Fruchtstiel bei Drehung leicht löst, die Früchte aber noch hart sind; späte Sorten dagegen vollreif ernten

Expertentipp

Weißer Stammanstrich vor dem Winter schützt das Holz.

Querverweise

Gehölze schneiden Seite 16–17
Beerenobst Seite 92–93

Gestaltung schattiger Ecken

Kurzinformation

Bodendeckerstauden

für halbschattige Plätze:

- **Günsel (Ajuga reptans)**
- **Pfennigkraut (Lysimachia nummularia)**
- **Gedenkemein (Omphalodes verna)**
- **Waldschlüsselblume (Primula elatior)**

für Halbschatten und Schatten:

- **Buschwindröschen (Anemone nemorosa)**
- **Haselwurz (Asarum europaeum)**
- **Maiglöckchen (Convallaria majalis)**
- **Waldmeister (Galium odoratum)**
- **Sauerklee (Oxalis acetosella)**
- **Schattengrün (Pachysandra terminalis)**
- **Schaumblüte (Tiarella cordifolia)**
- **Duftveilchen (Viola odorata)**

Schöne Schattengräser

- **Japan-Segge (Carex morrowii)**
- **Schattensegge (Carex umbosa)**
- **Riesenschwingel (Festuca gigantea)**
- **Schneemarbel (Luzula nivea)**
- **Haarmarbel (Luzula pilosa)**

Blütenpracht im Dunkeln

Voraussetzungen für ein solches Beet finden sich z. B. in lichtarmen Vorgärten, es kann aber auch vor Schatten werfenden Gehölzen angelegt werden. Die Blühschwerpunkte liegen im Spätsommer/Herbst und im Frühjahr. Mittelpunkt der Pflanzung ist die Scharlachfuchsie *(Fuchsia magellanica)* (1), eine Freilandfuchsie, die mit Laubabdeckung recht gut den Winter übersteht. Dahinter bildet ein hoch aufragender Waldgeißbart (2) eine weiß blühende Kulisse. Weitere Nachbarn der Scharlachfuchsie sind Eisenhut (3) und Herbstanemone (4). Hirschzungenfarne (5) mit ihren ungefiederten Wedeln füllen die Zwischenräume und ergänzen den Blattschmuck der Funkien (6). Zierende Blätter tragen auch die Bergenien (7) am halbschattigen Beetrand bei. Im Frühjahr blühen sie dann gemeinsam mit der gelben Gemswurz (8), die nach der Blüte einzieht und deshalb nur als Pflanzplatz angedeutet ist.
Im nicht ganz so stark beschatteten Beetvordergrund stehen Japanische Astilben (9) als Sommerblüher, während der Flor der Gartenastilbe (10) bis in den Herbst hinein anhält. Die Beetränder laufen fließend mit dem Blattwerk des Duftveilchens (11) aus, das im Frühjahr violette Blüten hervorbringt.

Neben einigen Schattenblühern treten an dunklen Plätzen besondere Pflanzen in den Vordergrund: zarte, aber wüchsige Kleinstauden, Farne und Gräser.

Kleine Waldszenerie
Alte, eingewachsene Bäume, eventuell noch vom Gartenvorbesitzer, bringen einen manchmal ins Grübeln. Man will sie nicht unbedingt fällen (und darf das auch nicht ohne weiteres), aber in ihrem Einflussbereich sieht es nicht besonders attraktiv aus. Warum nicht die Gelegenheit beim Schopf packen und sich den Naturstandort zum Vorbild nehmen? Mit Maiglöckchen, Farnen, Schattengräsern, Haselwurz und heimischen Waldreben kommt schon auf wenigen Quadratmetern Waldatmosphäre auf.
Dazu können durchaus auch »Exoten« wie Rhododendron oder Bambus gesellt werden.

Schattige Gesellen
Wo es nicht gar zu dunkel ist und die Bodenverhältnisse stimmen (sauer, humos, locker), blühen Rhododendren im wahrsten Sinne des Wortes auf. Aber auch nach dem Flor im Frühsommer bieten sie mit ihrem Wuchs und Blattwerk einen schönen Anblick. Farne sind passende Begleiter – für schattige Plätze ohnehin fast unentbehrlich. Die hellen, grün gerandeten Blätter gehören zu einer Funkie *(Hosta undulata)*, die im Sommer hellviolett blüht. Eine zarte Schönheit ist die Gelbe Elfenblume *(Epimedium pinnatum* ssp. *colchicum)* mit ihren rostrot gemusterten Blättern, die sie auch über Winter behält.

Die heimlichen Schattenstars
Hier geben sich Wurmfarn *(Dryopteris filix-mas)* und Frauenhaarfarn *(Adiantum pedatum)* ein Stelldichein. Farne werden bei der Gartengestaltung oft vernachlässigt und unterschätzt. Doch wer sich ein wenig mit ihnen beschäftigt, ist bald vom Reiz der unterschiedlichen Gestalten und Blattformen fasziniert. In Kombination mit blühenden Schatten- oder Halbschattenstauden sind Farne eine Bereicherung für jeden lichtarmen Gartenplatz.
Weitere ansehnliche Farne sind Rippenfarn *(Blechnum spicant)*, Straußfarn *(Matteuccia struthiopteris)* und der stattliche Königsfarn *(Osmunda regalis)*.

Expertentipp
Fast alle Schattenpflanzen brauchen humosen, feuchten Boden.

Querverweise
Sommerblühende Stauden Seite 82–83

Oktober

Im Oktober ist nochmals allerhand zu tun. Man sollte alles möglichst früh angehen, solange das Wetter mitspielt.

Einen »goldenen Oktober« mit anhaltender Herbstsonne erhoffen sich nicht nur die Winzer. Im Garten macht es bei solchem Wetter richtig Spaß, zwischen späten Blühern und leuchtenden Herbstblättern die anfallenden Arbeiten zu erledigen. Doch sonnige, trockene Herbsttage mahnen auch zu besonderer Vorsicht: Sie gehen meist mit klaren Nächten einher, die spätestens ab Mitte des Monats die ersten Fröste bringen können.

Der Vorsorgemonat

Materialien für Frostschutzabdeckungen sollten schon ab Oktober bereitgehalten werden – selbst wenn der Winter noch auf sich warten lässt. Gerade junge Gehölze und Stauden werden besser einmal zu viel als zu wenig abgedeckt. Doch Vorsorge trifft man jetzt nicht nur für den Winter; mit Beetvorbereitung und Neupflanzungen werden auch die Weichen für das nächste Gartenjahr gestellt. Die Boden- und Beetvorbereitung sollte man nicht zu lange aufschieben. Mit zunehmenden Herbstniederschlägen wird es immer schwieriger, einen Zeitpunkt zu finden, zu dem der Boden nicht zu nass, aber auch nicht gefroren ist.

Pflanzprioritäten setzen

Beim Pflanzen kommen zunächst die mehrjährigen Blumen an die Reihe, soweit sie nicht schon im September gepflanzt wurden. Denn es ist am günstigsten, wenn sie vor den ersten Frösten an Ort und Stelle sitzen. Sommergrüne Sträucher und Bäume dagegen werden – von Containerware abgesehen – erst gepflanzt, wenn sie ihr Laub weitgehend verloren haben. Bei zeitig auftretenden Frösten empfiehlt es sich, das Pflanzen auf das Frühjahr zu verschieben.
Rosen und andere empfindliche Gehölze werden in rauen Lagen ohnehin besser im März/April gesetzt.
Trefflich vorsorgen kann man nun auch für den nächsten Herbst: Falls sich der Garten jetzt schon recht trist präsentiert, sollten spät blühende Stauden und Sträucher mit attraktiver Herbstfärbung auf dem Einkaufszettel ganz oben stehen.

Bei Wildrosen reifen jetzt orangefarbene bis rote Hagebutten aus – ein treffliches Winterfutter für Vögel.

Wetter und Gartenklima

Wer sein erstes Gartenjahr angeht, merkt schnell, wie stark das grüne Hobby vom Wetter abhängt. Und gerade beim Eintreten der ersten Fröste zeigen sich klimatische Unterschiede zwischen den Regionen sehr deutlich: In Höhenlagen muss man damit schon ab September rechnen, im Rheintal z. B. oft erst Mitte November. Dabei kann es natürlich immer wieder Abweichungen geben, denn das Klima beschreibt im Grunde den durchschnittlichen Jahreswetterverlauf an einem bestimmten Ort. Der Begriff »Wetter« im engeren Sinn bezieht sich auf die aktuellen Temperatur- und Niederschlagsbedingungen, die »Witterung« schließlich steht für die vorherrschenden Wetterverhältnisse in einem bestimmten Zeitraum.

Mit dem Wetter arbeiten

Gegen das Klima vor Ort anzugärtnern macht wenig Sinn – es bedeutet im Grunde nur viel Aufwand und häufigen Misserfolg. Statt dessen sollte man auf die Gegebenheiten angemessen reagieren, und zwar durch:

➤ angepasste Bepflanzung; in rauen Lagen z. B. auf Winterhärte der Gewächse achten, früh reifende Obstsorten wählen,

➤ Standortwahl, z. B. geschützte Plätze für empfindliche Pflanzen,

➤ Verbesserung des Gartenklimas durch Schutzpflanzungen,

➤ Kälteschutz, Wuchs- und Ernteverfrühung durch Folie und Glas,

➤ ausreichende Winterschutzmaßnahmen.

Am besten lässt sich mit dem Klima vor Ort arbeiten, wenn man es genau kennt, den Jahreswetterverlauf und seine Auswirkungen auf die Pflanzen beobachtet und dies regelmäßig in einem Gartentagebuch festhält.

Eigene Wetterbeobachtung

Bei der Wetterbeobachtung helfen folgende Utensilien:

➤ ein für den Außenbereich geeignetes Minimum-Maximum-Thermometer, von dem man auch die vorangegangene Höchst- und Tiefsttemperatur ablesen kann; für zuverlässige Messwerte wird es an schattiger Stelle in 1,5–2 m Höhe platziert;

Garten-Wetterstation

Neben Thermometer und Barometer kann auch ein Hygrometer (Luftfeuchtemesser) sinnvoll sein.

➤ ein einfacher Regenmesser mit Plastikauffanggefäß und mm-Skala (1 mm Regenmenge entspricht 1 Liter Wasser je m^2 Boden);

➤ eine dekorative Windfahne oder ein Windsack zum Abschätzen von Windrichtung und Windstärke;

➤ ein Barometer für die Luftdruckmessung, das nicht draußen hängen muss, sondern auch im Haus untergebracht sein kann.

Die eigene Wetterbeobachtung wird umso wichtiger, je unzuverlässiger das Großklima zu werden scheint. Außergewöhnlich warme Winter, kaum noch markante Übergänge zwischen den Jahreszeiten – vieles deutet darauf hin, dass es sich dabei um Auswirkungen der Umweltverschmutzung handelt. Jedenfalls kann man sich auf halbwegs berechenbare Witterungsverläufe und Gartentermine heute weniger verlassen, als dies früher der Fall war.

Das Klima im Kleinen

Lage, Ausrichtung und Geländeform des Grundstücks sowie die Bebauung und Bepflanzung in der näheren Umgebung prägen das Kleinklima im Garten. So wird man z. B. in freier Ortsrandlage eher mit Frost und kräftigen Winden zu tun haben als in einem allseits umbauten Stadtgarten.

➤ Gärten am Hang sind den Elementen besonders stark ausgesetzt, haben bei Ausrichtung nach Süden aber auch

Wärmebedürftige Obstarten wie Birne und Pfirsich werden am besten als Spalierobst an einer geschützten Südwand gezogen.

Vorteile, da sie im Frühjahr und im Herbst mehr Sonne abbekommen.

➤ Eine windexponierte Lage macht sich nicht nur durch gelegentliche Schäden wie Astbruch unangenehm bemerkbar. Windige Standorte sind kühler und trocknen schneller aus, außerdem reagieren manche Pflanzen auf ständige »Zugluft« empfindlich. Windschutzhecken können da deutliche Linderung verschaffen.

➤ Ehe man sich für solche Vorkehrungen entscheidet, sollte man neben dem eventuellen Schattenwurf von Schutzeinrichtungen Folgendes bedenken: Eine dichte Wand hält den Wind zwar ein Stück weit ab, doch 30–50 m dahinter (je nach Wallhöhe) kann er dann umso stärker wüten. Dieser negative »Bremseffekt« lässt sich durch locker gepflanzte Hecken vermeiden, die noch etwas Wind durchlassen.

➤ Kleinklimatische Vorteile macht man sich bei Pflanzung von Obst an Südwänden zunutze. Diese speichern tagsüber die Wärme der Sonnenstrahlen und geben sie nachts wieder ab, wodurch die Frostgefahr gemildert wird und die Gehölze generell höhere Temperaturen genießen.

➤ Gerade weiß gestrichene Südwände haben aber auch Nachteile: Durch die Reflektion der Sonnenstrahlen heizt sich ihre Umgebung im Sommer stark auf, und im Frühjahr kann es zu vorzeitigem Austrieb kommen.

Sträucher und Bäume pflanzen

Kurzinformation

Pflanztermine

immergrüne Gehölze:
Mitte August – September
Ende März – April

Laub abwerfende Gehölze:
Mitte Oktober – November
Ende Februar – April (bis kurz vor Austrieb)

Gehölze im Pflanzcontainer:
fast ganzjährig

vorzugsweise Herbstpflanzung:
die meisten Obstgehölze, Felsenbirne, Ahorn

vorzugsweise Frühjahrspflanzung:
Aprikose, Birke, Ginster, Hortensie, Kirschlorbeer, Kiwi (Ende April/Mai), Magnolie, Pfirsich, Rhododendron, Sommerflieder, Weißdorn

Zeitaufwand

Strauchpflanzung:
1/2–1 Stunde

Baumpflanzung:
1–2 Stunden

Ballenlose Gehölze pflanzen

Junggehölze vor dem Einpflanzen gut wässern, beschädigte Wurzeln wegschneiden, überlange einkürzen. Jungbäume erhalten einen Pfahl, den man schon vor dem Pflanzen einschlägt. Er soll später bis kurz unterhalb des Kronenansatzes reichen. Beim Erdeeinfüllen das Gehölz immer etwas rütteln und nach halber Füllhöhe wässern, damit die Wurzeln guten Bodenschluss bekommen. Nach Einfüllen der restlichen Erde die Oberfläche festtreten, anschließend durchdringend gießen. Zum Schluss Triebe etwas einkürzen.

Rosen pflanzen

Wurzelnackte Rosen legt man vor dem Einsetzen einige Stunden mitsamt den Trieben ins Wasser. Danach Wurzeln auf 20–25 cm einkürzen. Die Veredlungsstelle muss etwa 5 cm unter die Erdoberfläche kommen. Nach Festtreten des Bodens und gründlichem Einschlämmen, Pflanzen bis kurz unter die Triebspitzen mit Erde anhäufeln. Darauf kommen in rauen Lagen noch Laub und Nadelzweige als Winterschutz. Im Frühjahr nach dem Abhäufeln Triebe auf 10–15 cm zurückschneiden.

Es ist günstig, wenn man den Aushub vor dem Einfüllen mit gut ausgereiftem Kompost vermischt. Bei schwerem Boden kann man auch etwas Sand zusetzen.

Ballierte Gehölze einsetzen
Zunächst wird – ebenso wie bei wurzelnackten und Containerpflanzen – ein großzügig bemessenes Pflanzloch ausgehoben und der Untergrund mit der Grabegabel gelockert.
Nicht veredelte Gehölze setzt man so tief, wie sie vorher in der Baumschule standen. Bei Obstbäumen muss die leicht verdickte Veredlungsstelle etwa 10 cm über der Erde zu stehen kommen (mit quer über die Grube gelegter Dachlatte austarieren).
Die meisten veredelten Ziergehölze setzt man dagegen so tief, dass die Veredlungsstelle unter der Erde liegt. Zum Höhenausgleich unter dem Ballen nach Bedarf Erde auffüllen.

Stützpfahl setzen, Erde auffüllen
Den Stützpfahl schlägt man bei größeren Gehölzen erst nach dem Einsetzen ein, und zwar schräg neben dem Ballen, damit das Wurzelwerk nicht verletzt wird. Dasselbe empfiehlt sich bei Containerpflanzen mit größerem Wurzelballen.
Größere Gehölze pflanzt man am besten zu zweit: Einer hält den Stamm und richtet ihn optimal aus, während der andere die Erde einfüllt. Auch hier zwischendurch etwas rütteln und gießen, damit die Erde guten Wurzelkontakt bekommt. Das Ballentuch verbleibt – sofern nicht aus Kunststoff – in der Grube und wird lediglich oben aufgeknotet.

Gießrand bilden, Anbinden
Beim Einfüllen der restlichen Erde häuft man am besten ringsum einen kleinen Wall an. Dieser so genannte Gießrand sorgt dafür, dass das Wasser auch tatsächlich im Wurzelbereich versickert. Nur eine Mulde rund um den Wurzelhals ist dagegen nicht zu empfehlen. Im Gegenteil: Wenn nach Antreten und gründlichem Angießen die Oberfläche absackt, unbedingt wieder Erde auffüllen, damit sich keine Pfützen bilden. Den Stamm bindet man mit kräftiger Gärtnerschur oder Kokosstrick am Stützpfahl an. Dabei wird die Schnur in Form einer liegenden Acht um Pfahl und Stamm gewunden.

Expertentipp
Bedenken Sie bei der Höhenausrichtung, dass sich die Erde noch setzt.

Expertentipp
Stützpfähle immer zur Hauptwindrichtung hin einschlagen.

Winterschutzmaßnahmen

Kurzinformation

Winterschutzmaterialien

Abdecken des Wurzelbereichs:
- Kompost
- Laub
- Nadelholzreisig
- Rindenmulch

Schutz oberirdischer Teile:
- Laub
- Nadelholzreisig
- Schutzvlies

Abdecken oder Umhüllen großer Pflanzen:
- Sackleinen, Jutestoff
- Leintücher
- Schutzvlies
- Bast-, Schilfmatten

Sonstige Vorkehrungen

- Obstbäume mit Weißanstrich versehen
- empfindliche Immergrüne wie Rhododendren gegen Wintersonne schattieren (Umhüllung, Bastmatten)
- Immergrüne vor Frostbeginn gründlich gießen
- Kübelpflanzen an hellen, frostfreien Ort bringen

Abdecken mit Nadelholzreisig

Die Natur liefert mit Fichten- und Tannenzweigen ein hervorragendes Schutzmaterial: trocken, luftdurchlässig und trotzdem dicht genug, um Kälte abzuwehren. Man legt das Reisig dachziegelartig über gefährdete Pflanzen, beispielsweise Stauden, oder bedeckt damit den Wurzelbereich. Bei höheren Gewächsen kann man die Zweige rundum in die Erde stecken, bei Kletterpflanzen auch in die Triebe einbinden oder am Rankgerüst festklemmen.

Rundumschutz mit Laub

Ein weiteres kostenloses Abdeckmaterial ist Herbstlaub. Sofern es keine Anzeichen von Krankheitsbefall zeigt, kann es für alle Winterschutzzwecke im Garten verwendet werden. Man bringt es möglichst trocken aus. Dies ist besonders wichtig, wenn man bei empfindlichen Junggehölzen mit Hilfe einer Maschendrahtröhre auch die oberirdischen Teile isoliert. Das Laub wird danach zwar auch durch Winterregen nass, sollte aber nicht von Anfang an verkleben. Sehr gut eignet sich Laub zum Abdecken des Wurzelbereichs, was bei den meisten Gehölzen und Stauden genügt.

Expertentipp
Auch späte Gemüse lassen sich mit Reisig schützen.

Expertentipp
Reisig über dem Laub schützt zusätzlich und bremst die Windverwehung.

Dicke Schutzpackungen können schon im Spätwinter verfrühten Austrieb fördern und sollten bei warmer Witterung durch lockere Abdeckungen ersetzt werden.

Knollenpflanzen einwintern
Bei Dahlien, Gladiolen und Knollenbegonien kann man noch so viel Winterschutz ausbringen – sie kommen kaum sicher über die kalte Jahreszeit. Deshalb schneidet man vor Frostbeginn die Stiele zurück, nimmt die Knollen aus dem Boden, befreit sie von Stängelresten sowie anhaftender Erde und lässt sie an einem luftigen Ort abtrocknen. Dann werden sie in eine Kiste mit Sand gelegt und mit Sand oder Torf abgedeckt. Man bewahrt sie in einem kühlen, aber frostfreien und trockenen Raum auf und kontrolliert bis zum Auspflanzen im Mai des Öfteren, ob faulende oder kranke Knollen ausgelesen werden müssen.

Rosen schützen
In frostgefährdeten Lagen empfiehlt sich nicht nur für neu gepflanzte Rosen, sondern auch für ältere Exemplare: Erde über dem Wurzelbereich anhäufeln, darüber etwas Laub oder Rindenmulch schichten und schließlich einige Fichtenzweige rundum in die Erde stecken. Diese Vorkehrungen sind bei fast allen Rosen angebracht, nur robuste Strauchrosen kommen ohne besonderen Schutz aus. Hochstammrosen stülpt man am besten einen Jutesack über, der mit Holzwolle oder Stroh ausgefüllt und unterhalb der oben am Stamm sitzenden Veredlungsstelle zusammengebunden wird.

Weißanstrich bei Obstbäumen
Hochdruckwetter im Winter bringt oft klare, sonnige Tage und frostige Nächte. Dieses Wechselspiel zwischen Erwärmung und Gefrieren setzt die Rinde gerade junger Obstbäume stark unter Spannung. Es kann zu Frostrissen und -spalten kommen, die wiederum den Eintritt von Schädlingen und Krankheiten begünstigen.
Hier hilft ein heller Anstrich, der die wärmenden Strahlen reflektiert. Im Fachhandel erhältliche Weißanstriche enthalten nebenbei oft noch Rindepflegemittel, die dem Baum zugute kommen. Man streicht damit nicht nur den Stamm, sondern auch den Kronenansatz.

Expertentipp
Man kann die Bäume auch mit Bastmatten in Südwestrichtung schattieren.

Gehölze mit schönem Herbstlaub und Fruchtschmuck

Gehölze mit attraktivem Herbstlaub

Name	Höhe	Laubfärbung Sonstiges
Fächerahorn *(Acer palmatum* in Sorten)	3–5 m	rot, orange, gelb teils rotblättrig ab Austrieb
Hecken-berberitze *(Berberis thunbergii)*	1–3 m	orange rote Beeren, giftig
Roter Hartriegel *(Cornus sanguinea)*	2–5 m	rot schwarze Früchte, giftig
Weißdorn *(Crataegus-*Arten)	2–6 m	gelb, orange rote Früchte
Zaubernuss *(Hamamelis-*Arten)	3–5 m	gelb, rot Blüte im Winter/Frühjahr
Zierapfel *(Malus-*Hybriden)	4–8 m	gelb, orange, rot reiche Frühsommerblüte

Gehölze mit zierenden Früchten

Name	Höhe	Fruchtschmuck Sonstiges
Kornelkirsche *(Cornus mas)*	3–6 m	rote Früchte gelbe Frühjahrsblüte
Zwerg- und Strauchmispeln *(Cotoneaster-*Arten)	0,2–1,5 m/ 2–5 m	rote Früchte, giftig teils Herbstfärbung
Sanddorn *(Hippophae rhamnoides)*	2–5 m	orange oder rote Früchte schönes Laub
Stechpalme *(Ilex aquifolium)*	2–5 m	rote Früchte, giftig immergrün
Liguster *(Ligustrum vulgare)*	3–5 m	schwarze Beeren, giftig duftende Blüten
Vogelbeere *(Sorbus aucuparia)*	5–15 m	rote Früchte, gelborange Herbstfärbung

Japanischer Feuerahorn

Acer japonicum 'Aconitifolium'
Höhe/Breite: 2–4 m/2–4 m
Blütezeit: Mai
baumartiger Großstrauch

➤ attraktiv und anspruchslos

Zierde: dekoratives, stark gelapptes Laub, leuchtend rote Herbstfärbung; schöner, lockerer Wuchs, Blüten unauffällig; **Boden:** humos, durchlässig, kalkarm; **Pflege:** am besten im Herbst pflanzen; Kompost auf die Baumscheibe geben; Schnitt nicht nötig; **Gestaltung:** als markanter Strauch schön in Einzelstellung, etwa am Sitzplatz; kann in kleineren Gärten den prägenden »Hausbaum« früherer Zeiten ersetzen

Kupferfelsenbirne

Amelanchier lamarckii
Höhe/Breite: 4–6 m/3–5 m
Blütezeit: April – Mai
Großstrauch oder kleiner Baum

➤ zierende, essbare Beeren

Zierde: beim Austrieb kupferrote Blätter, später grün; zahlreiche weiße Blüten; leuchtend gelbe bis orangerote Herbstfärbung mit schwarzpurpurnen Beeren; **Boden:** guter, nicht zu trockener Gartenboden; **Pflege:** am besten ungestört wachsen lassen, gelegentlich etwas Kompost geben; **Gestaltung:** im Frühjahr wie im Herbst ein Blickpunkt, in Einzelstellung oder in Strauchgruppen

Gute Partner
Blütengehölze als Nachbarn, Frühlingsblumen als Unterpflanzung

Manche Gehölze bieten leuchtendes Laub und schöne Beeren zugleich. Doch Vorsicht, viele Früchte sind mehr oder weniger giftig!

Feuerdorn

Pyracantha coccinea

Höhe/Breite: 2–3 m/2–3 m

Blütezeit: Mai – Juni

immergrüner Strauch

➤ **schorfresistente Sorten wählen**

Zierde: zahlreiche rote, orange oder gelbe Früchte in dichten Dolden; dunkelgrün glänzendes Laub; weiße Blüten, unauffällig; **Boden:** durchlässig, kalkhaltig, eher nährstoffarm; **Pflege:** anspruchslos, windverträglich, kann beliebig geschnitten werden; allerdings anfällig für Feuerbrand (siehe Seite 48), in gefährdeten Gebieten auf Anbau verzichten; **Gestaltung:** eignet sich gut für Plätze vor Mauern, wächst besonders hübsch, wenn er an Spalieren gezogen wird; bildet undurchdringliche Hecken; auch für Steingärten geeignet

Essigbaum

Rhus hirta

Höhe/Breite: 3–5 m/5–6 m

Blütezeit: Juni – Juli

Großstrauch oder kleiner Baum

➤ **kann Hautreizungen verursachen**

Zierde: dekoratives, gefiedertes Laub, verfärbt sich im Herbst von Gelb über Orange zu Scharlachrot; dunkelrote Fruchtkolben; Blüten unauffällig; **Boden:** jeder Gartenboden; **Pflege:** anspruchslos; treibt aber stark Ausläufer, die von Zeit zu Zeit mitsamt der Wurzeln abgetrennt werden müssen; **Gestaltung:** prägnantes, breitwüchsiges Gehölz für Einzelstellung, wirkt z. B. vor Nadelbaumkulisse oder in großen Vorgärten sehr schön

Gewöhnlicher Schneeball

Viburnum opulus

Höhe/Breite: 2–4 m/2–4 m

Blütezeit: Mai – Juni

buschiger Großstrauch

➤ **dichter, kompakter Wuchs**

Zierde: weiße Blüten in Schirmrispen oder runden »Schneebällen« (Sorte 'Roseum', auch Gefüllter Schneeball); ab September glänzend rote Steinfrüchte; orangerote Herbstfärbung; **Boden:** humos, feucht; **Pflege:** bei längerer Trockenheit durchdringend gießen; nach der Blüte auslichten; gelegentlich Kompost geben; **Gestaltung:** ansprechender Strauch für Einzelstellung wie für Gruppenpflanzungen; eignet sich für Blütenhecken und als Windschutz

Expertentipp

Wird oft noch unter dem alten botanischen Namen Rhus typhina geführt.

Gute Partner

Eibe, Holunder, Kornelkirsche, Vogelbeere

Arbeitskalender September/Oktober

September

Allgemeine Gartenarbeiten

Gießen verringern, nur bei Neupflanzungen und längerer Trockenheit häufiger wässern. Jäten, hacken, mulchen; immer noch Schädlinge und Krankheiten im Augen behalten. Rasensaat bis etwa Mitte des Monats noch möglich. Blumenwiese, wenn nötig, nochmals schneiden. Viele Gründüngungspflanzen können noch gesät werden.

Arbeiten im Blumen- und Staudengarten

Bei Spätblühern immer noch Verblühtes entfernen, verblühte Stauden zurückschneiden. Stauden, zweijährige Sommerblumen und Zwiebelblumen (außer Tulpen und Hyazinthen) pflanzen, letzte Beete und Rabatten vorbereiten.

Arbeiten im Gemüse- und Kräutergarten

Bis Mitte September Feldsalat und Spinat säen. Unter Glas können Radieschen und Kopfsalat gesät sowie Salat, Kohlrabi, Chinakohl gepflanzt werden. Winterlauch und Spätkohl anhäufeln. Tomatenreife mit Plastikhauben fördern. Alles Reife ernten, Gurken und Buschbohnen spätestens Mitte des Monats. Frei gewordene Beete bearbeiten, evtl. Gründüngung einsäen. Mehrjährige Kräuter teilen und verpflanzen.

Arbeiten an Zier- und Obstgehölzen

Nadelgehölze und immergrüne Laubgehölze pflanzen. Pflanzung von Laub abwerfenden Ziergehölzen und Obstgehölzen vorbereiten, Pflanzstellen tiefgründig lockern. Haupterntezeit bei Äpfeln, Birnen und späten Pflaumen. Fallobst aufsammeln und entfernen. Abgeerntete Steinobstbäume und Beerensträucher auslichten. Erdbeeren bei Trockenheit gründlich gießen, fördert Blütenanlage.

Gefrorenes Gemüse und Obst sollte man nicht anfassen. Wenn man vom Frost überrascht wird, wartet man bis zur Ernte besser ein paar milde Tage ab.

Oktober

Allgemeine Gartenarbeiten

Gegen Monatsmitte letzter Rasenschnitt. Im Sommer aufgesetzten Kompost vorm Winter nochmals umschichten. Winterschutzmaterial bereithalten. Neue Pflanzflächen fürs nächste Jahr vorbereiten: Grasnarbe abschälen und kompostieren, Fläche umgraben. Bei Bodenbearbeitung und Kompostumsetzen Schneckeneier (helle Knäuel) entfernen. Vogelnistkästen aufhängen, alte Kästen reinigen.

Arbeiten im Blumen- und Staudengarten

Stauden zurückschneiden und teilen; letzte Staudenpflanzungen am besten bis Monatsmitte. Zwiebeln von Tulpen und anderen Frühjahrsblühern vor den ersten Frösten stecken. Dahlien-, Gladiolen- und Begonienknollen bei Frostbeginn ausgraben und drinnen überwintern. Stiefmütterchen und Vergissmeinnicht können noch spät gepflanzt werden.

Arbeiten im Gemüse- und Kräutergarten

Tomaten, Zucchini und andere Fruchtgemüse vor den ersten Frösten ernten. Bei anderen Gemüsen vor Frostnächten Folie oder Vlies auflegen, Reifes ernten. Sichere Saaten nur noch unter Glas möglich. Rhabarber pflanzen. Geräumte Beete bearbeiten. Stark verunkrautete Beete mit schwarzer Mulchfolie überziehen. Rosmarin draußen sehr gut abdecken, besser drinnen überwintern.

Arbeiten an Zier- und Obstgehölzen

Hauptpflanzzeit für Laub abwerfende Gehölze. Rosen anhäufeln. Immergrüne bei Trockenheit gründlich wässern. Äpfel, Birnen, Pflaumen ernten; Kiwis möglichst lange ausreifen lassen. Kernobstbäume können schon geschnitten werden. Weißanstrich an Obstbäumen.

November

Wenn sich der Großteil der Pflanzen vorübergehend verabschiedet, treten immergrüne Laub- und Nadelgehölze in den Vordergrund.

Der November zählt sicher nicht zu den beliebtesten Gartenmonaten. Häufig kommt es zum berüchtigten Einströmen feuchter Meeresluft, verbunden mit »Schmuddelwetter« oder auch Stürmen. Bei Hochdrucklagen dagegen muss man mit Frösten und Nebel rechnen.

Bei milder Witterung halten noch einige Spätblüher die Stellung, ansonsten haben die meisten Pflanzen ihre Ruhephase eingeleitet. Schönster Ausdruck davon ist das prächtige Herbstlaub, mit dem sich manche Gehölze vor dem Winter abmelden.

Falllaub: kein Grund zum Ärgern

Herbstlaub spielt im Garten nicht nur unter Zieraspekten eine Rolle. Reichlich Falllaub wird oft als lästig empfunden, da es häufiges Kehren und teils auch Abharken erfordert. Doch andererseits liefert die Natur damit wertvolles Mulch- und Winterschutzmaterial frei Haus. Es ist deshalb nicht nur arbeitssparend, sondern auch vorteilhaft, wenn man die Blätter auf Beeten liegen lässt und nur mit dem Rechen etwas gleichmäßiger verteilt. Unter Bäumen und Sträuchern kann das Laub ohnehin verbleiben – hier sorgt es ganz nach dem Vorbild der Natur beim Verrotten für Nährstoffnachschub.

➤ Nur offensichtlich von Krankheiten befallene Blätter müssen entfernt werden, da die Pilzsporen oft im Boden überdauern können.

➤ Schwierigkeiten macht Falllaub eigentlich nur, wenn es in größeren Mengen in den Gartenteich gelangt. Hier muss man es regelmäßig abfischen.

➤ Neben Gehwegen sollte man auch den Rasen des öfteren von Blättern befreien, die sich dann wieder hervorragend als Mulch- oder Kompostmaterial verwerten lassen.

➤ Reiner Laubkompost braucht recht lang zum Verrotten. Etwas problematisch sind stark gerbsäurehaltige Laubarten, z. B. von Walnuss, Kastanie oder Platane. Doch wenn man sie zerkleinert und mit Holzhäcksel oder Rindenmulch vermischt, verfügt man über eine praktische, da unkrauthemmende Auflage für unbefestigte Wege.

Auch der November kann noch Farbe zeigen, wie dieses rote Ahornblatt beweist.

Das Gewächshaus

Ein Gewächshaus gehört sicher nicht zur unverzichtbaren Grundausstattung eines Gärtners. Aber mit dem Spaß am Gärtnern wächst häufig der Wunsch nach besseren Anzuchtmöglichkeiten, nach frischem Gemüse auch im Herbst und Winter oder nach einem Ort, an dem sich wärmebedürftige Pflanzen gut kultivieren und überwintern lassen. Im Angebot des Fachhandels findet sich für jeden Zweck ein passendes Kleingewächshaus, darunter auch preiswerte Lösungen. Doch ganz billig ist eine solche Anschaffung nicht, deshalb sollte sie im Vorfeld gründlich durchdacht werden. Günstigere und leichter umzusetzende Alternativen sind Frühbeete oder Folientunnel, die für viele Zwecke ausreichen.

Planung und Nutzung

Ein Gewächshaus macht nur Sinn, wenn dafür ein sonniger Platz zur Verfügung steht, der nicht allzu starken Winden ausgesetzt ist.
Gewächshäuser gibt es zwar schon ab 4 m² Grundfläche, doch das kann sich schnell als zu wenig erweisen. Für Gemüseanbau in Bodenbeeten sollten es schon 8–12 m² sein.
Steht eine entsprechende Fläche zur Verfügung, ist die zuständige Baubehörde an der Reihe: Hier muss man sich nach den örtlichen Vorschriften bezüglich Baugenehmigung und Grenzabständen erkundigen.
Schließlich ist es äußerst praktisch, wenn man vor dem Gewächshausbau Wasser- und Stromleitungen zum geplanten Standort verlegen lässt.
Wenn die Möglichkeit besteht, das Gewächshaus an einer Wärme spendenden Hauswand anzubringen, empfiehlt sich ein Anlehngewächshaus. Ansonsten kommen frei stehende Gewächshäuser infrage, meist mit rechteckiger Grundform und Satteldach. Wie aufwändig solche Konstruktionen sein müssen, hängt von der vorgesehenen Nutzung ab. Dabei unterscheidet man:

➤ ungeheiztes Gewächshaus
Für etwas frühere Aussaat und Ernteverfrühung, Vorziehen robuster Pflanzen, Sommeranbau Wärme liebender Arten, z. B. Paprika;

➤ Kalthaus
Mit Heizung bei mindestens 5 °C gehalten; bietet mehr und frühere Anzuchtmöglichkeiten; außerdem Anbau von Frühgemüse, Überwinterung von Kübelpflanzen;

➤ temperiertes Gewächshaus
Wintertemperaturen von 12–18 °C; z. B. für Orchideen oder Bromelien;

➤ Warmhaus
Das bei 17–25 °C gehaltene Warmhaus beherbergt tropische Pflanzen.

Pflanzen in Etagen
Mit Gewächshaus-Regalen lässt sich der oft begrenzte Platz optimal ausnutzen.

Heizung und Materialien

Für das frostfreie Kalthaus reicht oft schon eine spezielle Propan- oder Umluftheizung.

➤ Für die Wärme und ihren Erhalt im Gewächshaus ist zunächst jedoch das Bedachungsmaterial entscheidend. Dafür stehen zur Verfügung: PE-Folie, Blankglas, genörpeltes Klarglas, Hohlkammerplatten. (Dabei steigen Wärmedämmung und Preis in der genannten Reihenfolge.) Folienabdeckungen müssen meist nach 5–8 Jahren ausgetauscht werden.

➤ Die Tragekonstruktion von Folienhäusern besteht oft aus Stahl, Glashäuser werden meist mit Aluminiumbauteilen angeboten. Schöner fügt sich allerdings ein Holzgewächshaus in den Garten ein.

➤ Auf Fertigfundamenten, in der Regel Aluminium- oder Stahlkonstruktionen, steht das Gewächshaus schon stabil. Ein betoniertes Fundament, das wenigstens bis in 80 cm Bodentiefe

Zu Beginn der Gewächshaus-Saison heißt es: Fenster putzen. Denn saubere Scheiben verbessern deutlich den Lichteinfall.

reicht, isoliert jedoch von unten und hält Bodenschädlinge fern.

➤ Unter allen Gewächsausstattungen und -einrichtungen sind gute Lüftungsmöglichkeiten (optimal: 20% der Glasfläche) am wichtigsten und sollten als Kaufkriterium herangezogen werden.

Zur Gewächshauspraxis

Werden Gemüse und Blumen in Bodenbeeten angebaut, muss man bedenken, dass die Erde länger und stärker beansprucht wird als im Freiland. Deshalb sollte man im Gewächshaus unbedingt für regelmäßige Kompostzufuhr sowie organische Düngung sorgen.

Auch Mulchen ist hier besonders anzuraten, zumal der Boden schon ab Frühjahr deutlich schneller abtrocknet als draußen. Entsprechend muss man vor allem im Sommer wesentlich mehr gießen.

Feuchtigkeit und Wärme – diese Kombination begünstigt manche Pilzkrankheiten, vor allem aber auch Spinnmilben und Weiße Fliegen. Gegen diese Schädlinge, ebenso gegen die allgegenwärtigen Blattläuse, gibt es im Fachhandel Nützlinge zu kaufen, die sich im Gewächshaus sehr erfolgreich einsetzen lassen.

Auch im Winter herrschen, nicht zuletzt wegen des Kondenswassers, im Gewächshaus feuchtere Verhältnisse, so dass man die Pflanzen regelmäßig auf Pilzkrankheiten untersuchen sollte.

Nicht zuletzt deshalb ist regelmäßiges Lüften – bei frostfreiem Wetter – unabdingbar. An sonnigen, warmen Tagen dient das Lüften natürlich auch zum Vermeiden von Hitzestau.

Recht und Sicherheit im Garten

Kritisches Thema	Regelungen/Vorsichtsmaßnahmen
	**Natur- und Umweltschutz** In vielen Gemeinden gibt es eine Baumschutzverordnung für große, alte Bäume, die dann nicht gefällt werden dürfen. Umweltschutz: Das Verbrennen von Gartenabfällen ist verboten; Pflanzenschutzmittelreste müssen als Sondermüll entsorgt werden. Artenschutz: keine geschützten Pflanzen aus der Natur entnehmen; seltene Arten statt dessen über Wildstaudengärtnereien beziehen.
	**Gesetzliche Vorschriften** Beim Pflanzen von Hecken, Sträuchern und Bäumen müssen genau festgelegte – in jedem Bundesland unterschiedliche – Mindestabstände zur Nachbargrenze eingehalten werden; dies gilt zum Teil auch für Gartenlauben und Gewächshäuser. Vielerorts gibt es Vorschriften zu Art und Höhe der Grundstückseinfriedung, manchmal sogar auch regelrechte »Vorgartensatzungen«.
	**Konfliktfall Gartengrenze** Vom Nachbargrundstück überhängende Zweige und eindringende Wurzeln dürfen nur bei deutlicher Beeinträchtigung und nach Setzen einer Frist entfernt werden. Weitere Streitfälle: überhängendes Obst (gehört Gartenbesitzer), Begrünung einer Grenzmauer (nur mit Zustimmung des Nachbarn); Unkrautsamenflug (unterschiedliche Gerichtsurteile). Am besten und einfachsten: sich abstimmen und etwas kompromissbereit bleiben.
	**Lärmbelästigung** Für Rasenmähen und Häckslerbetrieb gilt die Lärmschutzverordnung: nur werktags von 7–19 Uhr; vielerorts ist außerdem Mittagsruhe vorgeschrieben. Gartenfeste müssen ab 22 Uhr auf Zimmerlautstärke reduziert werden, falls sich Nachbarn beschweren. Quakende Frösche und krähende Hähne: unterschiedliche Gerichtsurteile; vor allem Entfernen von Amphibien juristisch diffizil, da diese unter Artenschutz stehen.

Um im Gesetzesgestrüpp die am Wohnort geltenden Regelungen herauszufinden, erkundigt man sich am besten bei der zuständigen Gemeinde-, Stadt- oder Kreisverwaltung.

Kritisches Thema	Regelungen/Vorsichtsmaßnahmen
	**Geruchsbelästigung** Kompost: Durch ordentliches Aufsetzen und Durchlüften lassen sich Beschwerden vermeiden. »Geringfügige« Geruchsbelästigung ist nach Gerichtsurteil zumutbar; Anlegen eines neuen Kompostplatzes mit dem Nachbarn abstimmen. Grillen mit starker Qualmentwicklung (bei Verbrennen ungeeigneter Materials) kann verboten und mit Bußgeld geahndet werden; ansonsten ist gelegentliches Grillen für den Nachbarn zumutbar.
	**Der Garten als Mietsache** Das Entfernen oder Pflanzen von Gehölzen muss mit dem Vermieter abgestimmt werden, ebenso andere wesentliche Veränderung des Pflanzenbestands. Wenn nicht im Vertrag ausdrücklich festgeschrieben, liegt die sonstige Gestaltung und Pflegeintensität im Ermessen des Mieters, solange keine Schäden an der Mietsache entstehen. Pflegt der Mieter den Garten, dann darf er auch das dort befindliche Obst ernten.
	**Unfall- und Gesundheitsrisiken** Beim Kauf motorbetriebener und anderer unfallträchtiger Gartengeräte auf Sicherheitsprüfzeichen achten. Anwendungsvorschriften für Pflanzenschutzmittel genau beachten. Beim Arbeiten mit giftigen Stoffen Schutzkleidung tragen. Giftpflanzen möglichst mit Handschuhen anfassen, zumindest hinterher gründlich Hände waschen. Für schwere Lasten Transporthilfen verwenden. Unbedingt empfehlenswert: eine Tetanusimpfung.
	**Gefahren für Kinder** Auf giftige und stark bedornte Pflanzen verzichten, wo kleine Kinder spielen; ältere Kinder davor warnen. Teiche erst anlegen, wenn Kinder älter sind, oder sehr gut absichern. Pflanzenschutzmittel für Kinder unzugänglich aufbewahren. Diese Vorsichtsmaßnahmen gelten auch, wenn z. B. Nachbarkinder Zugang zum Garten haben, da man nach der »Verkehrssicherungspflicht« dafür verantwortlich ist, dass niemand zu Schaden kommt.

Winterarbeiten

Kurzinformation

Geräte einräumen und warten

Gerätestiele überprüfen, wenn nötig, austauschen;
unlackierte Stiele mit Leinöl behandeln;
Schläuche und Kannen vor dem Einräumen ganz entleeren;
Brausenaufsätze entkalken und von Schmutzresten befreien;
Pflanzenschutzspritzen mehrmals mit klarem Wasser durchspülen, trocken und frostfrei aufbewahren;
bei Schubkarren die Achsen schmieren;
Elektro- und Motorgeräte nach Gebrauchsanweisung warten

Rasenmäher warten

Messer reinigen, wenn nötig, zum Schärfen geben;
Lüftungsschlitze/Kühlrippen säubern;
bei Motormähern Tank entleeren, Zündkerzen säubern;
Vergaser, Luftfilter, Ölstand überprüfen;
trocken und frostfrei abstellen

Laub sammeln und kompostieren
Zum Sammeln von Herbstlaub für Kompost- oder Mulchzwecke ist ein einfacher Drahtbehälter ideal. Trockene Blätter werden nicht vom Wind verweht, trotzdem gelangt von allen Seiten Luft an den Laubhaufen. Ein großes Maschendrahtsilo eignet sich gut, um die Blätter gleich als Kompost (siehe Seite 113) aufzusetzen. Dazu, wie üblich, zuunterst eine Lage aus zerkleinertem Gehölzschnitt einbringen. Das Laub sollte mit Holzhäcksel oder ähnlich strukturreichem Material vermischt werden.

Immergrüne gießen
Nadelgehölze und immergrüne Laubgehölze »arbeiten« mit ihrem Blattwerk über Winter weiter – wenn auch sehr reduziert. Deshalb brauchen sie, anders als Laub abwerfende Arten, selbst in kalten Monaten Wassernachschub. An klaren Tagen erhöht die Wintersonne die Verdunstung, während die Wurzeln aus dem gefrorenen Boden kein Wasser aufnehmen können. Dann sollte man unbedingt gießen, sobald der Boden wieder aufgetaut ist, ebenso in frostfreien Trockenperioden.

Die Wintermonate kann man gut für Aufräum- und Instandhaltungsarbeiten nutzen. Wenn die nächste Saison beginnt, ist dafür schnell wieder die Zeit zu knapp.

Baumwunden nachbehandeln

Kommt es bei starkem Wind oder durch schwere Schneelasten zu Astbruch, darf man mit der Nachbehandlung nicht allzu lange warten. Im Winter verheilen solche Wunden sehr langsam und bieten dann Angriffsflächen für Krankheiten. Zunächst den gebrochenen Ast sauber absägen, dann die Wundränder sorgfältig mit einem scharfen Gartenmesser glätten. Zuletzt die ganze Sägestelle mit Baumwachs oder einem anderen Wundverschlussmittel bestreichen.

Auch nach dem Baumschnitt werden größere Wunden auf diese Weise versorgt.

Geräte reinigen und versorgen

Die wenigsten Gärtner machen es gern, doch das gründliche Säubern aller Werkzeuge erhöht deren Lebensdauer. Zunächst anhaftende Erdreste mit Bürste, Lappen und Wasser entfernen, dann die Metallteile abtrocknen und einfetten (hierzu eignet sich Pflanzenöl sehr gut). Flugrost lässt sich mit einer Drahtbürste beseitigen, andernfalls Rostentferner einsetzen. Schnittwerkzeug überprüfen, wenn nötig selbst schärfen oder zu einem Schärfdienst bringen, stumpfe Sägeblätter austauschen – Säge und Schere kommen ja im Spätwinter schon wieder zum Einsatz.

Ordnung im Geräteschuppen

Ein wenig Ordnung und guter Zugriff auf alle Gerätschaften tragen wesentlich zum Gartenspaß bei. An Hakenleisten oder Wandhalterungen lassen sich Stielgeräte und Schläuche Platz sparend unterbringen. Kleine Steh- und Wandregale für Handgeräte, Töpfe und allerlei Zubehör sind eine geringe, aber sehr lohnende Investition, auch ein paar Schubladen für Pflanzetiketten, Bindeschnur, Gartenmesser usw. machen sich schnell bezahlt. Wenn Kinder im Haus sind, müssen Pflanzenschutzmittel unbedingt in einem abschließbaren Wandschränkchen untergebracht werden.

Expertentipp

Auch Pflanzenstützen u. Ä. reinigen, um Krankheitsübertragung vorzubeugen.

Immergrüne Laubgehölze

Buchsbaum

Buxus sempervirens
Höhe/Breite: bis 3 m/bis 3 m
Blütezeit: April – Mai
Strauch oder Zwergstrauch

➤ nicht nur als Hecke ansehnlich

Zierde: glänzend dunkelgrüne Blättchen; Blüten unauffällig; schöner dicht buschiger Wuchs, wenn ungeschnitten; **Boden:** jeder gute Gartenboden; **Pflege:** anspruchslos; bei längerer Trockenheit gießen, im Frühjahr Kompost geben; kann außer bei Frost jederzeit geschnitten werden; **Gestaltung:** für frei wachsende und Schnitthecken; niedrige Sorte 'Suffruticosa' als Einfassungsbuchs mit ca. 30 cm Schnitthöhe; hohe Sorten auch einzeln; hübsch als Hintergrund für blühende Beete und Gehölze

Johanniskraut

Hypericum 'Hidcote'
Höhe/Breite: 1–1,5 m/1–1,5 m
Blütezeit: Juli – Oktober
wintergrüner Kleinstrauch

➤ anspruchsloser Dauerblüher

Zierde: leuchtend gelbe, schalenförmige Blüten, bis 7 cm Ø; sattgrüne, bis 10 cm lange Blätter; **Boden:** durchlässiger Gartenboden; **Pflege:** kaum nötig; besserer Blütenansatz bei gelegentlichem Rückschnitt bis eine Handbreit über dem Boden; **Gestaltung:** die Sträucher wirken sowohl einzeln, z. B. im Vorgarten oder in Staudenrabatten, als auch in Gruppen, etwa als niedrige Blütenhecken oder in gemischten Strauchpflanzungen

Stechpalme

Ilex aquifolium
Höhe/Breite: 2–5 m/2–4 m
Blütezeit: Mai – Juni
Großstrauch oder kleiner Baum

➤ attraktiv, aber giftig und bedornt

Zierde: glänzend dunkelgrüne Blätter mit welligem, bedorntem Rand; Blüten unauffällig; im Herbst zahlreiche rote, giftige Früchte; **Boden:** jeder normale Gartenboden; **Pflege:** vor allem Junggehölze im Herbst nochmals gründlich gießen und im Wurzelbereich gut mit Winterschutz versehen; bei nur leicht beschattetem Stand häufiger gießen; **Gestaltung:** eignet sich durch ihre Schattenverträglichkeit gut zum Unterpflanzen von Bäumen, ebenso für frei wachsende Hecken

Expertentipp

Hypericum calycinum und H. x moserianum sind nur 30–50 cm hoch.

Fast alle immergrünen Laubgehölze vertragen auch Schatten und warten mit schönen, aber giftigen Früchten auf.

Mahonie

Mahonia aquifolium
Höhe/Breite: 1–1,5 m/0,8–1,2 m
Blütezeit: April – Mai
Kleinstrauch

➤ **robustes Schattengehölz**

Zierde: ledrig glänzende, dunkelgrüne Blätter, schwach bedornt, bei Austrieb und im Winter teils rot gefärbt; gelbe Blütentrauben; ab Juli blau bereifte, leicht giftige Beeren; **Boden:** durchlässig, nicht zu kalkhaltig, sonst sehr anspruchslos; **Pflege:** kaum nötig, nur an trockenen Stellen häufiger gießen; schnittverträglich; **Gestaltung:** ein echter »Problemlöser« für Schattenplätze unter Gehölzen, da die Mahonie selbst den Wurzeldruck großer Bäume verträgt; auch für gemischte Strauchpflanzungen und dunkle Vorgärten

Kirschlorbeer

Prunus laurocerasus
Höhe/Breite: 1–3 m/1,5–5 m
Blütezeit: April – Mai
Strauch

➤ **etwas frostempfindlich**

Zierde: sehr dekorative, ledrig glänzende, dunkelgrüne Blätter, länglich oder rundlich; wenn nicht zu streng geschnitten, auffällige weiße Blütenkerzen und ab Juli schwarze Früchte; **Boden:** humos, nährstoffreich; **Pflege:** nur im Frühjahr pflanzen; in den ersten Jahren über Winter Wurzelbereich schützen; jährlich Kompost geben; bei sonnigem Stand häufiger gießen; **Gestaltung:** verwendbar für frei wachsende Hecken und Schnitthecken, in gemischten Strauchgruppen oder als hübsches Solitärgehölz

Immergrüner Schneeball

Viburnum rhytidophyllum
Höhe/Breite: 3–4 m/2–4 m
Blütezeit: Mai – Juni
Großstrauch

➤ **große Schirmrispen**

Zierde: auffällige, bis 20 cm lange, zungenähnliche, runzlige Blätter; cremeweiße Blüten in großen Schirmrispen; anfangs rote, dann schwarze Früchte; **Boden:** humos, durchlässig, kann kalkhaltig sein; **Pflege:** bei längerer Trockenheit kräftig gießen, auch im Winter; gelegentlich Kompost geben; alle paar Jahre nach der Blüte auslichten; **Gestaltung:** markanter Strauch für Einzelstellung, bei genügend Platz auch für hohe frei wachsende Hecken

Expertentipp
Wird auch unter den Namen Zungen- oder Runzelschneeball angeboten.

Dezember

Winterregen kann die Laune verderben, aber er hat auch sein Gutes: Der Feuchtevorrat im Boden fördert im Frühjahr den Pflanzenstart.

Warme, regnerische Witterung oder gar Sonnentage statt weißer Weihnacht – für manchen der Beleg, dass heutzutage »das Wetter spinnt«. Doch milde Temperaturen im Dezember sind seit Jahrhunderten keine Seltenheit, der Begriff Weihnachtstauwetter gehört schon lange zum meteorologischen Wortschatz.

Schnee-Ansichten

Nicht nur um die Weihnachtszeit, auch im restlichen Dezember fallen Niederschläge häufiger als Regen denn als Schnee. Aber wenn die Flocken dann tatsächlich fallen, sorgen sie für Gartenansichten mit ganz besonderem Reiz. Dies umso mehr, wenn das Grün von Nadelgehölzen mit der weißen Decke kontrastiert oder eindrucksvolle Baumgestalten mit Schnee überzogen sind. Und zwischen dem Dezemberschnee können sogar schon Blüten leuchten, sofern man sich einige »Winter-Highlights« (siehe Seite 18–19) in den Garten holt. Schwerer, nasser Schnee vermag aber auch Äste abzubrechen, weshalb sich nach starken Schneefällen das vorsichtige Abschütteln oder Abkehren solcher Lasten empfiehlt.

Weißer Frostschutz

Es erscheint auf den ersten Blick merkwürdig, aber eine Schneedecke schützt Pflanzen tatsächlich recht gut vor Frösten. Schnee setzt sich aus kleinen Eiskristallen zusammen, zwischen denen reichlich Luft eingeschlossen ist. So ergibt sich eine isolierende Wirkung, die die nächtliche Wärmeabgabe des Bodens und das Eindringen von Frost verhindert.

Was für den Wurzelbereich gut ist, kehrt sich jedoch über der Erde um: Wenn der Boden weniger Wärme nach oben abgibt und heller Schnee die Sonnenstrahlen reflektiert, werden die oberirdischen Teile von Gehölzen schneller in Mitleidenschaft gezogen. Gerade Immergrüne wie Rhododendron und Kirschlorbeer sowie junge Gehölze mit gefährdeter Rinde sollten bei Schneefrost besonders geschützt werden, indem man sie mit Sackleinen oder Ähnlichem umhüllt.

Wie diese bereiften Schlehenfrüchte zeigen, hat auch der winterliche Garten seine Reize.

Tiere im Garten

Vögel werden im Winter gern (und oft überreichlich) mit Futter bedacht, Igel finden Unterstützung durch hilfreiche Gartenbesitzer. Zu den »Sympathieträgern« aus dem Tierreich gehören auch die für die Bestäubung unentbehrlichen Bienen, ebenso die Marienkäfer. Doch die restliche Tierwelt, vor allem Insekten, beäugt man eher misstrauisch – es könnten ja Pflanzenschädlinge sein. Glücklicherweise hat das die Natur gut geregelt: Die Lästlinge und Schädlinge haben fast alle ihre Gegenspieler, die wir als »Nützlinge« einstufen. Doch jenseits solcher Wertungen gibt es noch einen weiteren Aspekt der Gartenfauna: schön gefärbte Falter, schillernde Libellen, huschende Eidechsen, an Bäumen hochflitzende Eichhörnchen – dies alles gehört zu den Gartenerlebnissen, an denen nicht nur Kinder große Freude haben.

Belebte Gartenräume

Wo kurz geschorener Rasen, Schnitthecken, hoch gezüchtete Blumen und ansonsten akkurate Ordnung vorherrschen, wird sich das Tierleben weitgehend auf ein paar Amseln, Nachbars Katze und ansonsten auf Schadinsekten beschränken. Wildtiere brauchen Vielfalt und eben auch ein paar »wilde« Plätze, um sich in einem Garten heimisch zu fühlen.
Hier einige Beispiele für Gestaltungen, Gartenbereiche, Kleinbiotope und Pflanzen, die vielfältiges Leben in den Garten bringen:

- ➤ Teich mit abwechslungsreicher Randbepflanzung,
- ➤ Trockenmauer und naturnah bepflanzter Steingarten,
- ➤ Blumenwiese mit Wildstauden,
- ➤ ruhig gelegene Stellen mit Laub-, Stein- und/oder Gehölzschnitthaufen,
- ➤ Gartenecken mit etwas geduldetem Wildwuchs (Brennnesseln sind z. B. wichtige Schmetterlingsnährpflanzen),
- ➤ Blumen und Stauden mit einfachen, ungefüllten Blüten, die Insekten den Zugang zu Pollen und Nektar erlauben,
- ➤ Wildgehölze und Blütenhecken, die Vögeln Unterschlupf und Nahrung bieten.

Freilich unterstützen solche Maßnahmen nicht nur allseits beliebte Tiere, auch manche Schädlinge schätzen diese Angebote. Doch hier greift oft das Prinzip der »Ablenkungsfütterung«, indem Schadtiere das natürliche Angebot bevorzugen, statt sich an Salat und Blumen gütlich zu tun. Ein besonderes Beispiel dafür ist der Ohrwurm. Findet er genügend Kleininsekten und Blattläuse vor, betätigt er sich als eifriger Schädlingsvertilger. Andernfalls weicht er auf pflanzliche Nahrung aus und wird für den Gärtner zum Schädling.

Gern gesehener Gast
Dem Igel bietet man mit Reisig- und Laubhaufen geeignete Unterschlupfmöglichkeiten.

Nützlinge – ein Heer von Fressern

Wenn der Garten einige der oben genannten Kleinbiotope und Bepflanzungen bietet, können sich folgende kostenlose Helfer bei der Schädlingsbekämpfung vermehrt einstellen:

➤ Igel
Vertilgen Schnecken, Würmer, Käfer, Larven und sogar Wühlmäuse

➤ Spitzmäuse
Haben einen ähnlich vielseitigen Speiseplan wie Igel

➤ Kröten, Frösche, Eidechsen
Fressen Schnecken und verschiedene Insekten

➤ Laufkäfer
Räubern Schnecken und Würmer

➤ Florfliegen, Schwebfliegen, Marienkäfer
Sind die fleißigsten Blattlausvertilger

➤ Schlupfwespen
Parasitieren in verschiedenen Insekten, auch Schmetterlingsraupen

Wenn die karge Natur kaum noch Nahrungsquellen bietet, kann man die Vögel durch geeignetes Winterfutter unterstützen.

➤ Raubwanzen
Jagen Insekten und Spinnmilben
➤ Spinnen
Fressen vielerlei Insekten
Einige dieser Nützlinge kann man durch spezielle Maßnahmen noch unterstützen. Tontöpfe, an Ästen mit der Öffnung nach unten aufgehängt und mit Holzwolle gefüllt, bieten Verstecke für Ohrwürmer, die dann eventuelle Läuse auf den Gehölzen reduzieren. Für die Entwicklung all dieser Nützlinge ist entscheidend, dass der Einsatz giftiger Pflanzenschutzmittel auf ein Minimum reduziert wird oder noch besser ganz unterbleibt.

Gefiederte Gäste

Meisen, Rotschwänzchen, Grasmücken & Co. halten Schädlingspopulationen im Zaum und sind natürlich auch gern gesehene Gartenbesucher. Man hilft ihnen mit sachgemäß aufgehängten, nach jeder Brutsaison gereinigten Nistkästen. Vor dem Kauf oder Bau von Nisthöhlen sollten Sie sich genau informieren; denn je nach Vogelart sind verschiedene Höhlenformen und Kastengrößen, Fluglochweiten und Aufhängehöhen erforderlich. Die Nistkästen müssen katzensicher an einem nicht zu sonnigen Ort angebracht werden, das Flugloch sollte möglichst nach Südosten zeigen. Nicht zu vergessen sind Freibrüter wie Buchfinken und Grasmücken, die dichte Hecken und Gebüsche zum Nisten brauchen.
Die Winterfütterung ist umstritten. Allgemein sollte man nur (artgerechtes!) Futter bereit stellen, wenn Schnee oder Frost eine anderweitige Nahrungsbeschaffung unmöglich machen.

Nadelgehölze

Nadelbäume und Nadelsträucher

Name	Höhe	Wuchs
Scheinzypresse *(Chamaecyparis lawsoniana)*	3–10 m	säulen- bis kegelförmig; auch Zwergformen
Gemeiner Wacholder *(Juniperus communis)*	1–5 m	Säulen-, Teppich- und Kriechformen
Lärche *(Larix decidua* 'Pendula')	5–12 m	Baum, Hängeform
Serbische Fichte *(Picea omorika)*	20–25 m	schmaler Baum
Stechfichte *(Picea pungens)*	10–20 m	kegelförmiger Baum
Mädchenkiefer *(Pinus parviflora)*	3–5 m	locker verzweigter Baum
Lebensbaum *(Thuja occidentalis)*	2–6 m	kegel- oder säulenförmig

Zwergnadelgehölze

Name	Höhe	Wuchs
Zwerg-Balsamtanne *(Abies balsamea* 'Nana')	0,3–0,5 m	flach kugelig
Muschel-Scheinzypresse *(Chamaecyparis obtusa)*	1–2 m	kegelförmig oder fächerartig
Kriechwacholder *(Juniperus horizontalis)*	0,3–0,5 m	breit ausladend bis mattenartig
Igelfichte *(Picea abies* 'Echiniformis')	0,2–0,5 m	kissenförmig
Pummelfichte *(Picea abies* 'Pumila Glauca')	0,6–1 m	kugelig bis kegelförmig

Koreatanne

Abies koreana

Höhe/Breite: 5–8 m/3-4 m
Wuchs: aufrecht, pyramidal
kleiner Baum

➤ zierende Zapfen

Nadeln: dunkelgrün, unterseits bläulich weiß, bürstenartig beisammen stehend; **Boden:** normaler, nicht zu trockener Gartenboden; **Pflege:** bei Trockenheit des öfteren gründlich gießen, ansonsten anspruchslos; frosthart; **Gestaltung:** hübscher, langsam wachsender Baum; nach 6–8 Jahren erscheinen erstmals die aufrechten Zapfen, anfangs violettbraun, später braun gefärbt

China-Wacholder

Juniperus chinensis

Höhe/Breite: 2–6 m/2–5 m
Wuchs: breit ausladend oder aufrecht
Strauch

➤ sortenreiche, vielfältige Art

Nadeln: je nach Sorte goldgelb, bläulich oder grün, schuppenförmig, oft an zierlichen Zweigen; **Boden:** jeder normale Gartenboden; **Pflege:** anspruchslos, frosthart, kann bei Bedarf geschnitten werden; **Gestaltung:** für Einzelstellung und Gruppenpflanzung; passt gut in Heidegärten, wird gern in Vorgärten gepflanzt; attraktive blaunadlige Sorte: 'Blaauw', trichterförmig aufrecht, 2 m hoch; schöne Säulenform: 'Keteleerii', 6–8 m hoch, bläuliche Nadeln

Fast jede Nadelholzart umfasst eine Vielfalt an Wuchsformen und Wuchsgrößen. Achten Sie deshalb beim Kauf genau auf die Sortennamen.

Rotfichte, Zapfenfichte

Picea abies 'Acrocona'
Höhe/Breite: 5–7 m/2–3 m
Wuchs: breit kegelförmig
kleiner Baum

➤ auffällige Zapfen

Nadeln: dunkelgrün, 1–2 cm lang; **Boden:** jeder nicht zu trockene Gartenboden; **Pflege:** bei längerer Trockenheit durchdringend wässern; ansonsten anspruchslos; wenn nötig, können störende Zweige geschnitten werden; schnittverträglich; **Gestaltung:** Blickfang durch interessante Wuchsform und die bis 10 cm langen, braunen, an den Zweigspitzen gehäuften Zapfen, die schon bei Jungbäumen erscheinen; wirkt sowohl einzeln gepflanzt vor einer Laub abwerfenden Hecke als auch in lockeren Gruppen mit anderen Gehölzen

Bergkiefer

Pinus mugo
Höhe/Breite: 2–5 m/3–6 m
Wuchs: breit ausladend
Großstrauch oder kleiner Baum

➤ auch attraktive Zwergformen

Nadeln: frisch grün, oft leicht gedreht, 2–5 cm lang; **Boden:** durchlässig, nicht zu trocken; **Pflege:** anspruchslos; schnittverträglich; sehr frosthart; **Gestaltung:** einzeln als Ziergehölz auf Rasenflächen oder an Terrassen; für frei wachsende Hecken; einige Varietäten bringen rotbraune Zapfen hervor; hübsche Zwergformen: 'Gnom' (kugelig, bis 1,5 m hoch), 'Mops' (kugelig, bis 1 m); *P. mugo* ssp. *pumilio* (halbkugelig ausgebreitet, bis 1 m); Zwergformen eignen sich gut für Einfassungen, Stein- und Heidegärten

Eibe

Taxus baccata in Sorten
Höhe/Breite: 3–8 m/2–5 m
Wuchs: aufrecht, teils säulenförmig
Großstrauch oder kleiner Baum

➤ unterschiedliche Wuchstypen

Nadeln: meist dunkel- bis schwarzgrün, auch gelbnadelige Sorten; **Boden:** jeder normale Gartenboden; **Pflege:** robust, anspruchslos, gut schnittverträglich; bei sonnigem Stand häufiger wässern; **Gestaltung:** einzeln und in kleinen Gruppen attraktiv; auch als Hecke geeignet; dunkel benadelte Sorten bilden einen schönen Hintergrund für Rosen und Blütenstauden; teils zierende rote Früchte; beliebte Säuleneibe: 'Fastigiata', 3–5 m hoch: Kissenformen: 'Repanda' (dunkelgrün), 'Semperaurea' (goldgelb benadelt)

Expertentipp

Die Samen und alle grünen Pflanzenteile sind hochgiftig.

Arbeitskalender November/Dezember

November

Allgemeine Gartenarbeiten

Falls noch nicht geschehen, dringend Wasser draußen abstellen, Hähne aufgedreht lassen, isolieren. Bei frostfreier, nicht zu nasser Witterung können noch Beete gelockert werden. Aufräumarbeiten, Einwintern der Geräte. Verbliebenes Saatgut sortieren, mit Datum versehen, kühl und trocken verwahren. Draußen auf Wühlmäuse achten, notfalls Fallen stellen. Nistkästen reinigen, neue aufhängen (oft überwintern darin Vögel).

Arbeiten im Blumen- und Staudengarten

Nun auch in klimamilden Regionen empfindliche Stauden abdecken und letzte Dahlien aus der Erde nehmen. Herbstastern und andere Spätblüher zurückschneiden.

Arbeiten im Gemüse- und Kräutergarten

Wintergemüse bei starken Frösten abdecken. Auch spät gesäter Mangold kann mit Abdeckung überwintert werden. Gewächshaussaaten: Radieschen, Rettich, Kopfsalat. Gewächshausscheiben putzen, das verbessert den im Winter so wichtigen Lichteinfall.

Arbeiten an Zier- und Obstgehölzen

Bei milden Temperaturen sind noch Pflanzungen möglich. Späte Obstsorten ernten, Fallobst gründlich entfernen. Stämme von Obstbäumen anstreichen, Leimringe gegen Frostspanner anbringen. Immergrüne bei Trockenheit wässern. Wildlingstriebe veredelter Gehölze entfernen (wenn nicht im Sommer geschehen).

Das Gartenjahr nimmt Abschied – Zeit für Rückblicke, ebenso für neue Planungen. Draußen liegen fast nur winterliche Kontrollgänge an.

Dezember

Allgemeine Gartenarbeiten

In strengen Winterperioden artgerechtes Vogelfutter bereitstellen. Aufräumarbeiten, Werkzeug und Geräte warten. Gartentagebuch auswerten, aus Pflanzenkatalogen und Gartenbüchern Anregungen sammeln, neue Planungen vornehmen.

Arbeiten im Blumen- und Staudengarten

Winterschutz bei Stauden und zweijährigen Sommerblumen überprüfen, wenn nötig, erneuern. Im Haus überwinterte Pflanzen (z. B. Rosmarin) und Knollen regelmäßig kontrollieren.

Arbeiten im Gemüse- und Kräutergarten

Wintergemüse vor Frösten schützen, bei häufigem Wechsel zwischen Frost und mildem Wetter bald ernten. Öfter nach gelagertem Gemüse sehen, Faules auslesen.

Arbeiten an Zier- und Obstgehölzen

Bei frostfreiem Wetter können Gehölze geschnitten werden. Abdeckungen bei Gehölzen überprüfen, wenn nötig Immergrüne wässern. Stammanstrich bei Obstbäumen nachholen oder erneuern. Lagerobst wöchentlich kontrollieren, Lagerraum bei frostfreiem Wetter lüften. Am 4. Dezember »Barbarazweige« von Forsythien, Zierkirschen, Kirschen oder Pflaumen für die Vase schneiden, sie blühen dann um Weihnachten.

Erklärung der Fachausdrücke

Einige der im Text genannten Fachausdrücke sind nicht jedermann geläufig und werden daher hier erklärt.

Auge: Triebanlage, Knospe

Ausläufer: Ober- oder unterirdische lange, dünne Seitensprosse, die sich bewurzeln und neue Pflanzen hervorbringen. Erwünscht zur Vermehrung (z. B. Erdbeeren), oft aber auch lästig wegen starker Ausbreitung der Ausläufer bildenden Pflanzen.

Baum: Gehölz mit deutlich ausgeprägtem Hauptstamm und Krone, bestehend aus Seitenästen und deren Verzweigungen.

Dolde: Blütenstand aus mehreren Einzelblüten, deren Blütenstiele an einem Punkt der Hauptachse entspringen und gleich lang sind.

Einjährige: Einjährige Pflanzen kommen im Jahr der Aussaat zur Blüte und, soweit zur Befruchtung fähig, zur Frucht- und Samenbildung; danach sterben sie ab. Hierzu zählen neben zahlreichen Sommerblumen die meisten Gemüse sowie einige Kräuter.

Flor: Blüte, Gesamtheit der Blüten. Bei manchen Pflanzen kann man deutlich eine Phase des Hauptflors und einen etwas schwächeren Nachflor unterscheiden.

gefüllte Blüten: Bei einfachen Blüten (z. B. einer Wildrose) umhüllt nur ein Kreis von Blütenblättern die Staubblätter und Stempel. Bei gefüllten Blüten (z. B. Edelrose) kommen nach innen weitere Blütenblattkreise hinzu; je nach deren Anzahl wirken die Blüten halb oder ganz gefüllt.

Halbschatten: Kennzeichnet einen Pflanzenstandort, der entweder etwa die Hälfte des Tages im Schatten liegt oder ganztägig leicht beschattet ist.

Halbstrauch: Mehrjährige Pflanze, bei der die unteren Sprossteile mit der Zeit verholzen, die oberen dagegen krautig bleiben; z. B. Himbeere, Lavendel.

immergrün: Die meisten Nadelgehölze und immergrüne Laubgehölze wie Buchs werfen ihre Blätter nicht im Herbst ab, sondern erneuern ihr Laub in unauffälligen Schüben, teils nur im Abstand von mehreren Jahren.

Knospe: Von Hüllblättern (Knospenschuppen) geschützter Wachstumspunkt, auch Auge genannt. Beim Austrieb entstehen daraus Seitensprosse, Blüten oder Blätter.

Rabatte: Schmales, lang gezogenes, oft einseitig begrenztes Beet.

Rankpflanze: Kletterpflanze, die sich mit Blatt- oder Sprossranken an Quer- wie Längsstreben festhalten kann, z. B. Waldrebe, Duftwicke.

Rispe: Blütenstand, bei dem mehrere verzweigte Nebenachsen entlang einer Hauptachse stehen. Alle Nebenachsen und Verzweigungen tragen Einzelblüten.

saurer Boden: Kalkarmer Boden mit pH-Wert unter 5,5 (siehe Seite 36).

Schlingpflanze: Kletterpflanze, die sich an senkrechten Stützen empor windet, z. B. Geißblatt, Blauregen.

Sommerblumen: Alle kurzlebigen Blüher, die nur eine Vegetationsperiode überdauern, nämlich Einjahrs- und Zweijahrsblumen.

sommergrün: Sommergrüne Gehölze werfen im Herbst ihr Laub ab und bringen erst beim Austrieb im Frühjahr neue Blätter hervor.

Spreizklimmer: Kletterpflanzen, die sich mit langen Trieben in die Höhe schieben und mit Stacheln, Dornen oder Klimmhaaren an einer rauen Unterlage festhalten können, z. B. Kletterrose, Winterjasmin.

Solitärpflanzen: Gehölze oder große Stauden, die in Einzelstellung gut zur Geltung kommen und einen besonderen Blickpunkt darstellen.

Stauden: Mehrjährige, krautige (nicht verholzende) Pflanzen; dank ausdauernder Wurzeln oder Wurzelstöcke (Rhizome) treiben sie nach – meist winterlicher – Ruhepause immer wieder neu aus.

Strauch: Gehölz mit mehreren gleichrangigen Ästen, die der Basis entspringen; anders als beim Baum kein Hauptstamm.

Trugdolde: Blütenstand aus mehreren Einzelblüten. Ähnlich wie Dolde (siehe dort), die Blütenstiele sind jedoch ungleich lang und entspringen nicht alle demselben Punkt der Hauptachse.

Veredlung: Bei den meisten Obstbäumen und Rosen handelt es sich um Veredlungen. Ein veredeltes Gehölz besteht aus zwei verschiedenen Pflanzen, die miteinander verwachsen sind. Die so genannte Unterlage, meist eine robuste Wildart, steuert Wurzeln und Stammbasis bei. Darauf wird ein Reis (junger Trieb) oder Auge der gewünschten Zuchtform (Edelsorte) eingesetzt. Die Veredlungsstelle bleibt später meist als leichte Verdickung erkennbar.

wintergrün: Auch halbimmergrün genannt. Wintergrüne Gehölze und Stauden bilden zwar jährlich neues Laub, werfen jedoch – zumindest in milden Wintern – die alten Blätter erst beim oder nach dem Neuaustrieb im Frühjahr ab.

Zweijährige: Zweijahrsblumen werden meist im Sommer vorgezogen und im Herbst gepflanzt, blühen nach Überwinterung im darauf folgenden Jahr und sterben danach ab, z. B. Stiefmütterchen, Tausendschön.

Zwergstrauch: Kleinwüchsige Strauchform, die auch nach Jahren kaum höher wird als 0,5 m.

Arten, Sorten, Hybriden

Arten sind die »Pflanzen als solche«; Beispiel: Kaisernelke *(Dianthus chinensis)* und Federnelke *(Dianthus plumarius)* sind zwei verschiedene Arten der Gattung *Dianthus*. Der klein geschriebene lateinische (botanische) Name gibt die exakte Artbezeichnung an und ist im Zweifelsfall eindeutiger als der deutsche Name; denn *Dianthus chinensis* wird z. B. auch Chineser- oder Heddewigsnelke genannt.

Sorten sind spezielle Züchtungen von Pflanzenarten und tragen oft fantasievolle Namen, die in einfache Anführungszeichen gesetzt werden. Beispiele: *Dianthus chinensis* 'Feuersturm' bezeichnet eine rot blühende, 'Snowfire' eine weiße Kaisernelkensorte. Sorten können sich nicht nur in der Blütenfarbe, sondern auch in Wuchshöhe und -form, ja sogar in ihren Standortansprüchen unterscheiden.

Hybriden sind Kreuzungen aus mehreren Arten, die die Vorzüge ihrer unterschiedlichen Eltern in sich vereinen und quasi eine eigene, beständige Art darstellen, z. B. die *Dahlia*-Hybriden, streng botanisch auch als *Dahlia* x *hortensis* geführt.

Bei F_1-Hybriden handelt es sich dagegen um Kreuzungen verschiedener Sorten (häufig bei einjährigen Blumen und bei Gemüse), die nicht weiter vermehrt werden können.

Anhang

Die in den Pflanzenporträts verwendeten Piktogramme

 Die Pflanze gedeiht am besten am sonnigen Platz

 Die Pflanze gedeiht am besten im Halbschatten

 Die Pflanze verträgt oder benötigt Schatten

 Viel gießen (im Sommer alle 1 – 2 Tage)

 Mäßig gießen (im Sommer etwa alle 3 – 4 Tage)

 Wenig gießen (nur bei längerer Trockenheit)

 Die Pflanze enthält giftige oder hautreizende Stoffe

Erste Hilfe bei Pflanzenvergiftungen

Bei Verdacht auf Pflanzenvergiftungen sind folgende Maßnahmen wichtig:

➤ So schnell wie möglich ärztlichen Rat einholen. Den allgemeinen Notruf anrufen oder – falls bekannt – die nächste Giftnotrufzentrale.

➤ Den Patienten in kleinen Schlucken Tee, Wasser oder Saft trinken lassen (keinesfalls Milch!).

➤ Stark betroffene Patienten in stabile Seitenlage bringen.

➤ Bei Kindern kein Erbrechen auslösen, auch nicht durch Salzwasser. Solche Maßnahmen unbedingt einem erfahrenen Arzt überlassen.

➤ Reste der unter Giftverdacht stehenden Pflanze und eventuell Erbrochenes aufheben, um dem Arzt Diagnose und geeignete Gegenmaßnahmen zu erleichtern.

Weiterführende Literatur

Greiner/Hagen/Weber, *Blütenstauden.* ADAC-Verlag, München

Hensel, *Einkaufsführer Gartenpflanzen.* Gräfe und Unzer Verlag, München

Hensel, *Gartenspaß für Einsteiger.* Gräfe und Unzer Verlag, München

Hensel, *Noch mehr Gartenspaß.* Gräfe und Unzer Verlag, München

Himmelhuber, *Obst- und Ziergehölze richtig schneiden.* Naturbuch Verlag, Augsburg

Hofman: *Erste Hilfe bei Kindern.* Gräfe und Unzer Verlag, München

Kreuter: *Pflanzenschutz im Bio-Garten.* BLV-Verlag, München

Mayer, *Der schattige Garten.* Falken Verlag, Niedernhausen

Sator: *Feng Shui – Garten für die Sinne.* Gräfe und Unzer Verlag, München

Stein, *Gemüse und Kräuter.* ADAC-Verlag, München

Arten- und Sachregister

Auf den mit * gekennzeichneten Seiten finden Sie eine ausführliche Beschreibung der jeweiligen Pflanze.
Die halbfett gesetzten Seitenzahlen verweisen auf Farbfotos und Farbzeichnungen.

Der Autor

Joachim Mayer ist Garten- und Naturjournalist und hat bereits mehrere Gartenbücher geschrieben. Sein fundiertes Wissen auf diesem Gebiet verdankt er seiner langjährigen Tätigkeit als Gärtner und seinem Studium der Agrarwissenschaften. Darüber hinaus ist er auch als Gartenberater für Hobbygärtner tätig.

Die Fotografen

Becker: Seite 13, 64; Borstell: Seite 6 o., u., 7 li.o., 8/9, 9 re., 18 li., 21 re., 28 re., 29 li., 36, 40, 41 li., mi., 43 li., re., 45 li., 55 mi., 56 li., 57 li., re., 60/61, 68, 69, 70, 71 li., 73 li., mi., re.u., 80 li., 81 li., re., 82 re., 83 li., 94 re., 95, 104, 105 re., 116, 119 mi., 128 re., 129 li., mi., 140 mi., 141 mi., 146 re., 147 mi., re.; Brand: Seite 78 u., 101; Gardena: Seite 136 u.; Henseler: Seite 51 mi.o., mi.u., u.; Himmelhuber: Seite 24, 66 li.; Image Bank / Steve Satushek : Umschlagvorderseite; Laux: Seite 22/23, 92 li., 120/121, 137 u., 140 li., 141 re.; Nickig: Umschlagvorderseite (Hinterlegung), Seite 4/5, 12, 16 u., 18 mi., 19 li., 21 mi., 29 mi., re., 42 re., 43 mi., 54 re., 55 li., re., 71 re., 77, 81 mi., 82 li., 83 mi., re., 88 u., 90 u., 92 re., 93 li., 97 re., 105 li., mi., 117 re., 119 li., re., 128 li., 129 re., 135, 140 re., 141 li., 142/143, 147 li.; Pfletschinger/Angermayer: Seite 61, 114 u.; Photo Press: Seite 7 re.u., li.u., 18 re., 56 re., 71 mi., 94 li., 152; Redeleit: Seite 7 re.mi., 10/11, 14, 15, 19 mi., re., 21 li.o., li.u., 25, 26 u., 28 li., 32, 34, 38, 39, 41 re., 42 li., 46/47, 49, 52 u., 56 mi., 57 mi., 66 re., u., 67 mi., re., 73 re.o., 74/75, 76, 78 li.o., re.o., 79, 80 mi., re., 86/87, 98/99, 100, 102, 103, 108/109, 110/111, 112, 122, 123, 126, 127, 132/133, 134, 136 o., mi.o., mi.u., 137 o., mi.o., mi.u., 138 u., Umschlagrückseite; Reinhard: Seite 50 o., mi.o., u., 144, 145, 150; Sammer: Seite 50 mi.u.; Schneider/Will: Seite 37, 45 re.; Stein: Seite 67 li.; Strauß: Seite 35, 45 mi., 51 o., 54 li., 62/63, 65, 89, 92 mi., 93 mi., re., 97 li., re., 117 li., mi., 124 u., 146 li.; Silvestris: 48 u.

Dank

Verlag, Autor und Fotografen danken der Firma Gardena für die freundliche Unterstützung.

Impressum

Redaktion: Sabine Schulz, Angelika Holdau, Sonnhild Bischoff
Umschlaggestaltung: independent Medien-Design, München
Layout: Christine Paxmann
Herstellung: Ute Hausleiter
Satz: Johannes Kojer, München
Reproduktion: Ludwig, Zell am See
Druck: Appl, Wemding
Bindung: Monheim
Printed in Germany

ISBN 3-7742-5381-1

Auflage	4	3	2	1
Jahr	2004	2003	2002	2001

Das Original mit Garantie

Ihre Meinung ist uns wichtig. Deshalb möchten wir Ihre Kritik, gerne aber auch Ihr Lob erfahren. Um als führender Ratgeberverlag für Sie noch besser zu werden. Darum: Schreiben Sie uns! Wir freuen uns auf Ihre Post und wünschen Ihnen viel Spaß mit Ihrem GU-Ratgeber.

Unsere Garantie: Sollte ein GU-Ratgeber einmal nicht Ihren Vorstellungen entsprechen und einen Fehler enthalten, schicken Sie uns bitte das Buch mit einem kleinen Hinweis und der Quittung innerhalb von sechs Monaten nach dem Kauf zurück. Wir tauschen Ihnen den GU-Ratgeber gegen einen anderen zum gleichen oder ähnlichen Thema um.

Ihr Gräfe und Unzer Verlag
Redaktion Garten
Stichwort: Gartenjahr
Postfach 86 03 25
81630 München
Fax: 089/41981-113
e-mail: leserservice@graefe-und-unzer.de

Gefährliche Schönheiten

ganzjährig

Lebensbaum * (13)
Efeu
Wacholder *
Buchsbaum
Eibe * (12)
Kirschlorbeer
Zwerg- und Strauchmispel
Stechpalme * (11)

Herbst

Liguster
Robinie
Wunderbaum *
Schneebeere
Essigbaum
Feuerdorn
Pfaffenhütchen
Herbstzeitlose * (10)
Geißblatt
Aronstab * (9)
Vogelbeere, rohe Früchte

Sofern man nicht leichtsinnig mit Giftpflanzen umgeht, besteht kein Grund für übertriebene Ängstlichkeit. Wenn jedoch Kinder aus Neugier von giftigen Pflanzen naschen, kann dies schlimme Folgen haben. Gartenbesitzer sollten deshalb zumindest dann, wenn Kleinkinder im Haus oder der direkten Nachbarschaft sind, auf die Anpflanzung giftiger Gewächse – vor allem solcher mit leuchtenden Früchten – verzichten.

Hinweise auf die wichtigsten Maßnahmen bei Verdacht auf Pflanzenvergiftung siehe Seite 152.